東京23区教育格差

著者　昼間たかし
鈴木　士郎

まえがき

本書のテーマ

最近、教育格差という言葉が注目されている。

教育格差とは、高レベル校や進学塾などがある都会とそれが少ない地方の地域格差がそのひとつ。もうひとつがゆとり教育などの影響で学力の低下した公立校と、教育内容も高いが、授業料もハイレベルな私立校の格差、つまり教育費格差。このふたつが、一般的な定義とされている。

都市部と地方では所得が違う。基本的に都市部のほうが高所得で生活費も高いことは誰もが知っていることだろう。つまり、結局教育格差とは、収入格差とイコールなのである。

ところが、教育格差の上では有利な立場にある東京、その中心である東京23区においても、地域による教育格差は存在する。格差社会という言葉がマスコミを賑わしたのは2006年頃からだが、そこで「下流」の典型とされた足立区は、その学力の低さでも話題になった。しかし、こんな評判が立ってしまっては、足立区も黙ってはいない。その後、足立区の教育環境は急速に回復したといわれている。

では、実際のところ、東京23区内に教育環境・実績の地域格差はどの程度あるのか。それは、いったいどのような原因で、どのように発生しているものなのだろうか。

教育格差の大きな要素として、収入というものが影響していると述べたが、では現状の教育費とは、どのくらい必要で、どのくらい家計を圧迫するものなのか。

昨今、教育格差を扱った報道や研究が多く発表されている。しかし、その多くは例えば単純な学力の地域差だけを切り取ってみたり、収入差だけを取り扱っている。格差とは、様々な要素が絡み合って生まれるものである。もっと複合的に子どもの教育に役立つ情報を分析することが必要だ。

本書は、この子どもの教育環境を、複合的に考えることがテーマである。その中でも、地域による学力への影響と、実際に子どもの教育にかかるお金の詳細やシステム、その関係性の分析に注力した。

本書の読み方

本書は、まず東京23区内における学力の地域差、子どもの教育に必要な「予算」を解明し、現実問題としてどういうことが起こっているかを説明する。合わせて、そうした地域差を生んだ原因を解明していく。

これを研究するにあたり、基本的にその論拠は各種統計データを使用している。一部、学力調査の結果など、近年詳細な数値が公表されなくなったものがあり、それらは多少古いデータを使用しているが、基本的には本書執筆時点で最新のものを使用している。

また、4章では、それらを踏まえて、東京23区各区の成り立ちと、現在の教育事情をそれぞれ紹介する。この章では、統計結果に加え、数字に表れない区内の雰囲気、どのような人がどのような意識で教育を行っているか、個別の学校に対する評判などを紹介することに務め、最終章では、これらの情報から、現状の子どもの教育のアドバイスとなる内容を考えてみた。

子どもの教育のゴールは有力大学

本書においては「大学受験を勝ち抜いて高学歴を得る」ことを、至上の目的として設定する。地域や学校の評価は、すべてこの「良い大学に入りやすいかどうか」を基準とすることを、まずはご了承いただきたい。また、本書における「高学歴」は、少なくとも「2流」ランクより上、偏差値60以上レベルの大学卒資格を指す言葉として使用する。

本来、もっとも重要な子どもの教育とは、子どもの可能性を広げることだ。それぞれの「天職」をいかに見つけやすくするか、その天職を目指すことのできる環境をいかに整えるかが重要で、それは必ずしも高学歴を与えることとイコールではない。

しかし、長期に渡った不況の結果、これまで国の経済を支えていた終身雇用は崩れ、一部のエリート層のみが安定した収入と生活を享受できるようになってしまった。この一部のエリート層、つまり大企業の幹部社員、高級公務員になるためには、最低限上・中ランク大学を卒業している必要がある。現状の日本のシステムでは、高学歴を得ていないと、こうしたエリート層に入る「可能性」がなくなってしまうのが事実だ。

別に大企業の幹部社員でなくても、ほとんどの職種で、直接的には役にたたなかったとしても、高学歴者は優遇される傾向がある。純粋に実力だけが勝負のプロスポーツ界ですらも、学閥の影響力は大きい。例外は多いだろうが、高学歴が無駄になることはない。

この、以前よりも強化されてしまった学歴社会は問題視するべきだし、平等権を重視する近代国家としては、このような格差、階級化は恥ずべき事態だ。しかし、その是正には長い時間がかかる。今、どんどんと成長していく子どもを持つ親、近い将来子どもを産む家庭に、それを待つ余裕はない。

この状況下で生き抜くひとつの武器となる情報を集めたつもりである。何らかの参考になってくれれば、喜びに堪えない。

○文中、図表内の数値は、基本的に併記した出展元から引用している。出展元を省略しているものは、2001年から2016年までに発表された数値等の概算であり、特に正確性を必要としないと判断したものである。また、小数点第2位以下の数値は、特に必要が無い限り四捨五入している。

○学校名などの表記は、基本的に「中学・高等学校」などを省略している。また、文中においては著名な略称で表記したケースが存在する（例：筑波大学附属駒場中・高等学校↓筑駒）。また、その他の表記においても省略が可能なものに関してはできる限りの省略を行っている。

○数値については、可能な限り執筆時点（2016年11月）で最新のものを使用したが、近年公表されなくなったものや統計が行われなくなったものなどは、過去に公表されたものを使用した場合がある。

○個人取材を元にした記述は、基本的に取材対象個人の信条、体験、見聞に拠るものであり、必ずしも総体を表すものではない可能性が存在する。また、取材対象者の公表は、取材源の秘匿の原則に従い行わない。

基本資料出典元

東京都／東京都教育委員会／文部科学省／内閣府／総務省

目次

2章　学力は金で買える　51

3章　住む沿線で決まる進学率　83

4章　東京23区別教育レベル　109

1章

子どもの学力と親の学歴

小学校、中学校の区別学力調査ランキング

千代田区と足立区では「8点」の差がある

子どもの学力というものは、親や本人が思っている以上に重要なものだ。なんだかんだ言っても、結局収入は学歴の影響が大きいし、幸せに暮らすための条件は、多くの部分を収入の多さが受け持つことになる。

それ以上に、学力は子どもの精神的な健康に影響するケースが非常に大きい。いわゆる不良化というものは、かなりの確率で「勉強についていけない」ことが出発点になっている。もちろん、勉強をしなくても、大成し幸せに育つことは可能だが、幸か不幸かそれは少数派だ。少なくとも、勉強ができて収入の高い仕事に就くよりも、勉強をせずに高収入を得るのは難しい。

では、それほど大事な学力とは、どのような条件によって決まるのだろうか。

本人の才能や性格はもちろん重要だ。しかし、ここでいう学力とは、所詮学校のお勉強である。お勉強の範疇とは、最高でも大学院の論文レベルだ。特別な才能がものを言うのはそこからさらに上の段階である。学力とは、一所懸命に求めれば、かなり多くの子どもが獲得できる程度のものである。

それでも、子どもの学力にはかなりの差が生じている。ここで注目したいのは環境という要素だ。

次頁にあるのは、2008年度の東京都公立校学力調査の結果である。資料が少々古いのは、近年では区市ごとの「点数」が発表されなくなったためだ。

さて、これをご覧になってどのように思われただろうか。案外差がないと見るべきか、かなりの差があると見るべきか。その判断は難しい。だが、ここで区ごとに「差が生じている」という事実に注目する必要がある。

この学力調査の試験問題は、はっきり言って難しいものではない。ほとんどの子どもが楽勝で解けるレベルの問題だ。しかもその総平均である。しかし、最大で「8点」以上の差が生じている。これはつまり、地域の影響で、明確な学力の差が生まれてしまっているという結果だ。

2008年度東京都学力テスト東京23区順位

小学校			中学校		
順位	区	平均点	順位	区	平均点
1	渋谷区	81.6	1	千代田区	76.4
2	千代田区	80.8	2	目黒区	76.2
3	目黒区	79.6	3	文京区	75.1
4	杉並区	79.6	4	世田谷区	75.1
5	文京区	79.5	5	杉並区	74.7
6	中央区	79.2	6	新宿区	74.7
7	世田谷区	78.8	7	渋谷区	73.3
8	港区	78.6	8	練馬区	72.6
9	台東区	78.1	9	品川区	72.2
10	豊島区	77.7	10	中央区	71.7
11	新宿区	77.6	11	中野区	71.2
12	品川区	76.8	12	港区	70.8
13	練馬区	76.1	13	北区	70.8
14	中野区	76.1	14	台東区	70.4
15	墨田区	75.9	15	豊島区	70.1
16	北区	75.7	16	墨田区	70.1
17	荒川区	75.7	17	江東区	70.1
18	葛飾区	75.4	18	板橋区	69.7
19	江戸川区	75.4	19	荒川区	69.5
20	江東区	75.3	20	大田区	69.0
21	板橋区	75.2	21	葛飾区	68.6
22	足立区	75.2	22	江戸川区	68.1
23	大田区	74.7	23	足立区	68.1

東京都教育委員会資料より作成

小数点第２位以下は四捨五入。同一得点で順位が違う場合は、小数点第２位以下の差が存在する

優秀な都心・西部とそれ以外

もう少し詳しく見てみよう。上位には、都心部の千代田、文京、中央、港や、西部の世田谷、杉並などがランクイン。対して、下位には足立、葛飾、江戸川などの東部地区と大田区が固まっている。上位は「高級住宅地」であり、下位は「庶民の街」として分類される地域である。

また、近年急速にマンション開発が進む江東区が下位にいることにも注目したい。2008年の江東区は、2016年現在に比べれば、まだまだマンション開発は途上で、人気の高い地域ではなかった。しかし、その後豊洲エリアの小学校が、学力テストで都内上位に食い込むなど、長足の進歩を遂げている。江東区臨海エリアのマンション群が「高級住宅地」として発展していくと、学力も向上しているのである。

これはつまり、親の経済力が、ほとんどそのまま子どもの学力に直結しているということであろうか。確かに、その傾向はある。区別の平均年収を算出してみると、驚くほど先ほどの学力調査結果とシンクロする結果となる。中学校の成績と比べてみてみよう。

まず、年収ランキングトップの港区はあまり振るわないが、年収2位の千代田区は学力もトップ。以下、年収10位までの区はいずれも学力トップ10圏内。対して、学力ワースト5も、北区、大田区を例外として4区が合致している。

なんとも身もふたもない結果といえるが、傾向としては紛れもない事実である。だが、中位グループに目を向けると、ただ単に「親の収入」だけが決定的な要素ではないことも見えてくる。

例えば北区は、年収ランキングでは下位に沈んでいるが、中学校の学力では13位と中位につけている。上位グループをみても、年収７００万円台の渋谷区が、４００万円台の新宿、杉並に敗北。単純な順位だけではなく、金額をベースにみると、年収ランキング最下位の足立区と9位の杉並区は１００万円程度の差しかなく、杉並区と学力トップの千代田区では、年収で３００万円以上の差があるわけだ。

つまり、全体の傾向としては、確かに親世代の年収は大きな影響を及ぼしているが、平均年収４００万円台の区でもトップを争っているという事実は、「金だけが全てではない」ことも証明している。

2013年度区別平均年収

順位	市区	金額
1	港区	902万円
2	千代田区	784万円
3	渋谷区	703万円
4	中央区	556万円
5	文京区	544万円
6	目黒区	537万円
7	世田谷区	506万円
8	新宿区	477万円
9	杉並区	436万円
10	品川区	427万円
11	豊島区	412万円
12	大田区	395万円
13	練馬区	395万円
14	江東区	389万円
15	中野区	387万円
16	台東区	385万円
17	墨田区	350万円
18	板橋区	350万円
19	江戸川区	346万円
20	荒川区	345万円
21	北区	344万円
22	葛飾区	333万円
23	足立区	324万円

各区統計より作成
千円台以下四捨五入。同一金額で順位差がある区は、千円台に差が存在する

関東台地を境に学歴差は歴然

親の「常識」の影響は大きい

親の収入が、子どもの学力を伸ばす・伸ばせない「環境」条件のひとつであることはわかった。しかし、例外も多い。子どもの学力を決定する環境は、もう少し複雑な条件で作られているようだ。

その条件のひとつに、「親世代の学歴」というものがある。これをわかりやすく示したデータがある。「地域学歴」データである。

次の地図は、国勢調査で調べられた、地域住民に大学・短大・高専卒業以上がどのくらいの割合で存在するかのデータである。色の濃い部分が高学歴者の多いエリアとなっている。

これによると、東京23区内には、明確な「境界線」が存在することがわかる。

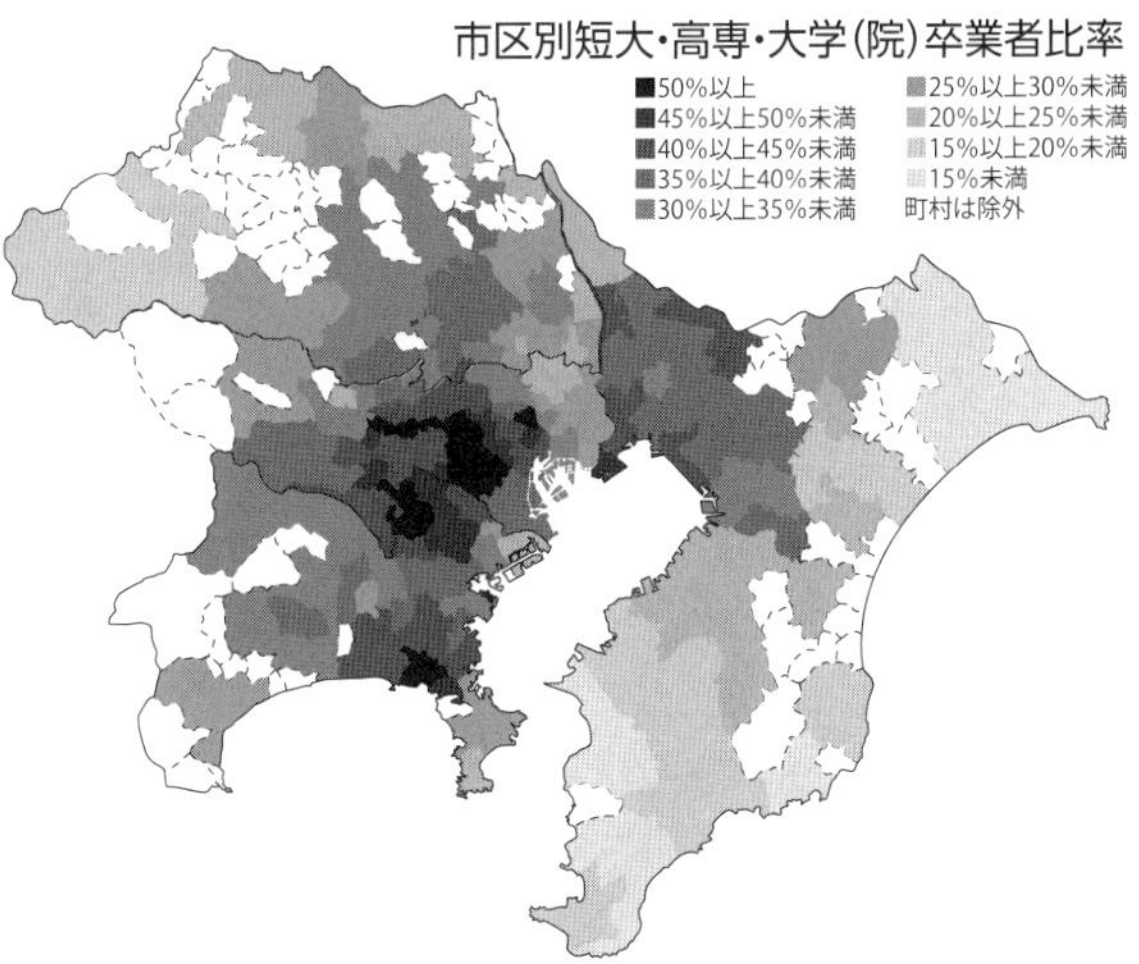

まず、大学・短大・高専卒業者50％以上の「高学歴地帯」は文京区、杉並区、世田谷区、目黒区のみ。市部に範囲を広げると武蔵野市、小金井市、国分寺市も50％以上で、つまり中央線沿線＋文京・世田谷・目黒が東京の高学歴地帯ということになる。中野区と国立市は50％以上は達成していないが45％以上をマークしているので、立川以東の「中央線」はほぼ全域が高学歴地帯といって問題ないだろう。

　首都圏まで範囲を広げると世田谷から繋がる川崎市西部、と横浜市北部も同じく高学歴地帯となっている。川崎市麻生区と横浜市青葉区は50％以上。周辺も

45％以上の地区が多数存在する。このエリアは東急、小田急線沿線である。世田谷区の主要路線もこの2社であり、目黒区も東急線エリア。つまり首都圏の高学歴地帯は「中央線」「東急・小田急線」「文京区」の3グループしか存在しないということになる。

これに対して低学歴地帯はというと、23区では東部に集中している。中でも足立区が格段に低くて25％以下。周囲の墨田、荒川、台東、葛飾、江戸川も30％未満であり、高学歴地帯に比べ、おおよそ20％の差がついているのである。

これは、地域住民の学歴のデータなので、すなわち大人、つまり親世代のものだ。では、この地図データの集計時期に近い2006年度の学力調査結果を見ながら、「学力格差」を改めてみてみよう。

完全な一致、というわけにはもちろんいかないが、先ほど紹介した「中央線」「東急・小田急線」「文京区」グループが総じて上位に位置している。ここでは「傾向」の話をしたいので、東急地帯にありながら大差の最下位に位置している大田区の存在は一旦無視しよう。これについては後で詳細に分析する。

つまり、子どもの学力と大人の学歴には、かなり明白な相関関係がある。要

2006年度小学校学力調査（総合得点）

順位	区	得点
1	渋谷区	326.3
2	千代田区	323.1
3	杉並区	318.4
4	目黒区	318.2
5	文京区	317.9
6	中央区	316.9
7	世田谷区	315.3
8	港区	314.3
9	台東区	312.3
10	豊島区	310.9
11	新宿区	310.5
12	品川区	307.3
13	練馬区	304.5
14	中野区	304.4
15	墨田区	303.5
16	北区	302.8
17	荒川区	302.7
18	葛飾区	301.7
19	江戸川区	301.5
20	江東区	301.1
21	足立区	300.8
22	板橋区	300.7
23	大田区	298.7

東京都教育委員会資料より作成

は、親が高学歴なら子どもの成績も高く、逆もまたしかりなのである。

当然、もっと細かく見ていけば、例外は山ほど存在する。しかし「環境」という話をしてしまうと、こういう結論に達するのだ。

世田谷区と足立区の差はどのくらいあるか

ではここで、ちょっと強引にこの結果を分析してみよう。まず、小学校の学力調査と高学歴率を合わせてみると、見事なまでにその違いがあらわれる。

もっとも極端な例として、高学歴率トップの世田谷区（学力7位）と最下位の足立区（学力21位）を取り上げよう。まず重要なのは、確かに親の学歴と子どもの学力に相関関係はあるが、100％ダイレクトに反映するものではないということがわかる。世田谷区はトップではなく、足立区はビリではないわけだ。


その上で、いくつかの視点から、この2区の違いを考えてみる。まず、単純な引き算をしてみる。世田谷区と足立区の正答率の違いはおおよそ4％。高学歴率の差は大体30％程度なので、比率は1対7・5。ざっとの感覚でいけば高

小学校総合点ランキングと高学歴率

順位	区	総合点	高学歴率
1	渋谷区	326.3	47.6%
2	千代田区	323.1	49.5%
3	杉並区	318.4	50.3%
4	目黒区	318.2	50.8%
5	文京区	317.9	50.6%
6	中央区	316.9	42.4%
7	世田谷区	315.3	51.2%
8	港区	314.3	44.5%
9	台東区	312.3	31.0%
10	豊島区	310.9	37.9%
11	新宿区	310.5	42.6%
12	品川区	307.3	38.3%
13	練馬区	304.5	42.8%
14	中野区	304.4	47.2%
15	墨田区	303.5	28.5%
16	北区	302.8	32.2%
17	荒川区	302.7	26.9%
18	葛飾区	301.7	27.9%
19	江戸川区	301.5	29.4%
20	江東区	301.1	32.1%
21	足立区	300.8	23.8%
22	板橋区	300.7	33.6%
23	大田区	298.7	37.8%

東京都教育委員会資料より作成

学歴率が10％程度上がると正答率が1％、つまり総合点で4〜5点くらい上がるわけだ。

では次に、高学歴家庭の子どもと高卒以下家庭の子どもに「明確な学力差」があると仮定して考えてみよう。つまり、例えば高学歴家庭の子どもの総合点が350点、そうでない子どもの総合点が250点で、平均300点になる、という話である。これを2006年の世田谷区、足立区に当てはめて計算してみることにする。

2006年当時の小学校児童数（公立）は、足立区が約3万2千人。世田谷区が約3万人である。この数字をそのまま当てはめると、世田谷区には高学歴家庭の子どもが約1万5千人、足立区には約7千6百人いることになる。

この人数に従って、高学歴グループと高卒以下グループの平均点は、どのくらい差があっても計算が成り立つかをみてみると、面白い結果が出る。

数学が得意な人なら説明するまでもないわけだが、この計算でいくと、

・足立区は高学歴グループと高卒以下グループの平均点がほとんど同じでないと計算がなりたたない

・世田谷区はある程度差があっても人数の多い高学歴グループが頑張れば全体の平均点を上げることができる

という結果になる。ここで用いた計算によると、グループ間の差は世田谷区で5点、足立区では0・05点となる。つまり、世田谷区は高学歴グループ317・5点とそれ以外が312・5点。足立区はどちらのグループも300・8点という話になる。

もちろん、これは現状を正確に分析するに値するものではないが、「どんな可能性があるか」を考えるきっかけにはなる。例えば、

・足立区はごく少数の優等生と圧倒的多数の低成績児童が存在して平均300・8点になっている

・足立区は家庭環境にかかわらず全員が300・8点程度しかこの年は正解できなかった

などの「可能性」だ。

これを、今テーマとしている「親の学歴と子どもの学力」の関係という観点で考えると、かなり恐ろしい予測が成り立つ。つまり、

・個別の家庭環境に拘わらず、高学歴地域では子どもの学力が伸び、それ以外の地域では伸びない

ということになってしまう。同じ親が高卒以下家庭でも、世田谷区に「住んでいるだけで」312・5点。足立区より12点も伸びるというわけだ。要するに、足立区では親が頑張っても無駄。という極論が成り立ってしまうのである。

しかしこれは多いにあり得る。人間は群れを作る動物だ。その群れは、できるだけ「感覚の近い」人々で作ったほうが楽である。感覚が合うとは、自分の体験や苦労、考え方や興味の方向性に共感できるということだ。

学歴や職種は、この共感を呼びやすい。つまり、人間の群れは、同じような学歴、同じような収入レベルの人々で作られる。これは、多くの人が実感として理解できると思う。高学歴者は、高学歴を得るための実体験があり、その必要性を認識しているので、子どもの学力に興味がある。家庭内の普段の会話、友人との話題にも上がる。そうして、「話の合う」人々が自然と集まってきたのが、この地域ごとの学歴差に表れていると考えられる。

子どもの学力は、そのかなりの部分を学習意欲という要素が占める。学習意

欲は、周囲の環境に影響されるものだ。ここでいう周囲の環境とは、親がガミガミ「勉強しろ」と子どもに言うことではない。周りの友だちみんなが「まあ勉強くらいはマジメにやろうぜ」という雰囲気だから、なんとなく自分も、という空気感だ。「ある程度勉強するのは必要だ。お父さんお母さんだって未だに仕事のための勉強を毎日してるでしょう」という親ばかりの地域なら、こういう空気ができるのは、極めて自然なことだ。さらに、親がその「勉強」をある程度楽しんでこなしていれば、子どもも「勉強って面白いんだな」と興味を持つこともまた、自然な現象と言って問題ないだろう。

逆に、くそマジメに授業を受けるのなんて格好悪い、という空気がある地域では、成績優秀な子どもがイジメられるケースもあることは、残念ながら事実である。才能があり、勉強が好きな子どもが、周囲に流されて学習に興味を失ってしまうことは確実にあるだろう。さらに、経済的な理由から「勉強をしたくてもできない」という要素が加わる。こうしたメカニズムが、親世代の学歴差による地域差を生み、それとともに子どもの成績がかなりの部分でリンクする現象を生んでいることだってあり得るだろう。

区内格差の大きい区は

南北格差の激しい墨田区と北区

親世代の収入と学歴から、東京23区には区ごとに学力の違いがあることはわかった。しかし、もう少し細かく見ると、同じ区内でもこの差が変化する場所がある。まず挙げたいのが、親世代の収入が低いのにもかかわらず、子どもの成績ではまずまずの結果を出している北区である。

北区は、元々北部の王子区と南部の滝野川区という全く雰囲気の違う区が、戦後合併してできた区である。旧王子区は、明治以降荒川沿いの工業地帯として発展した地域であるが、滝野川区は「駒込」エリアの高級住宅地だったのが戦前の姿。この境界線は、おおよそ王子を境にしており、街を歩くと確かにその違いは今も残っている。

墨田区にも同じような違いがある。墨田区は両国など、元々「江戸」の繁華街だった南部エリアと、北部の「江戸の郊外」地域を含んでいる。この差も大きく、裕福な南部と新興住宅地である貧乏な北部という差が長く存在していた。

両区ともに、近年のマンション開発や鉄道網の整備などで状況は変化しつつある。特に墨田区では、東京スカイツリーの完成で、北部が一気に活性化した。しかし、街の雰囲気というものは一朝一夕に変わるものではない。

具体的にみてみよう。まずは北区。南部の滝野川エリアの大卒率は約20％。北部の浮間になると約17％と下がっている。しかし、同じ北部でも赤羽など繁華街エリアは、滝野川以上の20％台中盤になる。これが田端になると約25％、田端新町では約36％となる。つまり、北部、南部で区切れば南部が全体としては優勢だが、それぞれをさらに細かくみれば、北区内で圧倒的に高学歴者が多いのは田端エリアとなる。

墨田区はどうだろう。両国エリアの大卒率は約25％であるが、スカイツリーのある押上は約20％。少なくとも学歴では、区内にかなりの差が存在している。

エリア格差の大きい江東区と大田区

北区や墨田区のように、何となく南北に差がある地域はわかりやすいが、この差がバラバラでわかりづらい区も存在する。

その代表格が学力調査では下位に沈んでしまった大田区だ。

まず、大田区全域の大卒率は約23%とあまり高いとはいえない。杉並区の約33%、世田谷区の約28%と比べ、かなりの差が存在する。

だが、これはあくまで区全体の話。高級住宅地として名高い田園調布は約41%と抜群に高く、千束、南久が原、嶺町エリアなど、30%を超える地区も数多い。この、親の学歴という観点からいえば、大田区には相当の地域差が存在している。

江東区も同じような状況だ。区全体は約24%だが、豊洲では約39%、東雲は約30%、有明は約42%と露骨な差が出ている。子どもの学力に影響する要素は、このように区単位ではなくもっと細かい地域単位で見る必要がありそうだ。

大田区の町別大学卒業率

大田区全域	23.2%	久が原	33.1%
大森中	18.0%	南千束	34.5%
大森東	14.2%	石川町	33.7%
大森南	10.7%	東雪谷	30.0%
大森本町	20.4%	上池台	30.7%
大森西	16.8%	北千束	30.9%
山王	33.5%	北糀谷	12.9%
大森北	24.2%	西糀谷	15.2%
平和島	12.5%	東糀谷	11.6%
北馬込	25.7%	萩中	17.6%
東馬込	23.9%	本羽田	12.6%
中馬込	27.1%	羽田旭町	13.5%
西馬込	27.9%	羽田	12.1%
南馬込	30.2%	西六郷	16.1%
中央	21.2%	仲六郷	17.1%
池上	23.1%	南蒲田	15.2%
田園調布本町	33.9%	東六郷	16.8%
田園調布南	26.2%	南六郷	15.8%
東嶺町	32.2%	下丸子	31.9%
西嶺町	32.1%	矢口	19.7%
北嶺町	31.1%	東矢口	20.6%
南雪谷	31.4%	多摩川	22.7%
田園調布	41.1%	新蒲田	21.9%
雪谷大塚町	33.8%	西蒲田	20.6%
鵜の木	24.9%	蒲田	20.1%
南久が原	30.0%	蒲田本町	18.8%
千鳥	26.2%	東蒲田	16.8%
仲池上	27.7%		

2010年国勢調査より 人口が極端に少ない地区は割愛

30代の高学歴者は世田谷から神奈川県に多い

さらに細かく教育環境を分析する

子どもの学力と相関関係にある親の収入と学歴。中でも、親の学歴の影響が大きそうだということが、これまでの分析結果だ。これは、「自分が高卒だから自分の子どもの学力は伸びない」というよりも、周辺の環境が、全体として「大学くらい行くのが当たり前だよね」「ある程度勉強するのは普通でしょ」という空気に支配されている場所に住んでいる子どもの学力は相対的に伸び、そうでない場所では逆の結果になるというべきだろう。つまり、大卒の親が多い地域であれば、必然的にそういう空気が強くなるというのが、ほとんど確信できる。

では、親世代の学歴が重要だとすると、さらに「環境の良い地域」の絞り込みが必要になってくる。高齢化地域と新興住宅地の違いである。

これまで見てきた収入なり、学歴なりという統計結果は、基本的には全年齢の総合数値だ。しかし、子どもの親世代というものは、20～40代が中心だ。学校の空気に影響するのは親世代であり、すでにリタイアした高齢者の影響は少ない。例えば、先に挙げた大田区の田園調布は、高級住宅地だけあって、あまり若い人はいない。大田区全体の平均年齢は41歳程度だが、田園調布三丁目や四丁目という「本物の田園調布」では、45歳前後と平均年齢が高くなる。これは、他の地域でも同様で、世田谷区の高級住宅地である成城六丁目の平均年齢は46歳強。世田谷区全域が約41歳なのに対してやはりここも非常に高い。

高齢化の進んだ地域では、広い一軒家が空き家になり、それを分割して小さな家が建つケースが多い。小さな家は必然的に安いので「高級住宅地だから学歴の高い人ばかり」というわけにもいかなくなる。嫌な言い方になってしまうが、土地のレベルは高いが学校のレベルは下がっている地域だってあるかもしれないのだ。

そう考えると、高学歴者の「親」が多い土地こそが、教育環境の良い土地ということになる。つまり、現在人気の新興住宅地こそが、安パイという図式が成り立つのである。

田園都市線沿線の安心感

では、若く収入があって高学歴の親たちは、今どこに集まっているのだろうか。その代表格が、東急田園都市線沿線である。田園都市線沿線は、1990年代頃から一気に宅地開発が進み、それまで全くの「畑」であった横浜市青葉区、川崎市西部、世田谷区南部に巨大な新興住宅地が完成した。

この地域の中でも、現在小中学生の子どもを持つ親世代が多く集まっているのが、横浜市青葉区のたまプラーザ、世田谷区の二子玉川エリアだ。筆者は40代始めであり、ほぼこの親世代である。本書の執筆にあたり、大学時代の知人複数に調査を行った。このうち、東京六大学、中央、青山学院、東京学芸大学など、いわゆる1~2流大学出身者のうち、侮れない数の家庭がこのエリアのマンションを購入していた。彼らの出身地は様々だが、一応は高学歴グループというだけあって、都心部、東京23区西部の出身者がやはり多い。

各種のデータも、それを裏付けている。東急田園都市線沿線の小学校は急激な児童増加という問題を抱え、世田谷区の待機児童問題の震源地も同エリアだ。

また、同じ田園都市線沿線といっても、あざみ野など一戸建ての多い「しっかりした高級住宅地」には、高齢化の波が徐々に押し寄せている。やはり、子どもの多い土地はマンションが主体の地域にシフトしてきている。

私立小中に新興住宅地は不利?

しかし、人気の新興住宅地も教育環境という点では良いことばかりでもない。まず一旦、大切にするべき子どもの可能性を、有力大学に入学すること、として考えよう。有名大学、つまり東京で言えば東京大学、早稲田、慶應、上智などへの進学を考えると、やはりこれらの大学への合格者が多い学校に入ることが重要になる。

では、有名大学進学率の高い有名校、つまり名門はどのような学校だろうか。有名どころでは、男子御三家といわれる麻布、開成、武蔵。女子御三家は桜蔭、女子学院、雙葉。女子の場合は、これに「新御三家」といわれる豊島岡女子学園、鴎友学園女子、吉祥女子の存在も近年注目されている。さらに、これらと同等、もしくは上位に存在する国立付属校が存在する。つまり学芸大附属、筑波大附属、筑波大附属駒場、お茶の水女子大附属などだ。

では、これらの学校に子どもを進学させる場合、例えば田園都市線沿線にはどんな条件になるのだろうか。まず、通学路としては決して有利ではない。田園都市線は、都内でも有数のラッシュ路線だ。高校生ならともかく、小中学校の段階から通うのはつらい。

実際、これら有名校の出身者に話を聞くと、小中学校からの入学組は、やはり都心部在住者が多いという。体力、精神力から考えても、小中学生に一時間のラッシュ列車というのは確かに好ましくない。せっかく入学しても、通学の辛さに学校を辞めてしまったという例も存在するそうだ。

また、下世話な話で恐縮だが、電車内の痴漢は、女子中学生を狙う確率が高いという。高校生にもなれば公然と立ち向かってくるものだが、中学生では恐怖のあまり、無抵抗の子どもが多いというのだ。痴漢は、大人が考える以上に子どもにダメージを与える。これもひとつ、親が忘れてはならない、新興住宅地が有名小中学校への通学に、あまり有利ではない要素と言えるだろう。

　もちろん、田園都市線が有利な学校もある。慶應義塾横浜初等部はその典型で、これは一時期、慶應義塾幼稚舎の生徒が横浜市青葉区在住者ばかりになり、それならば、ということで新しい学校を作ってしまったという例である。ただ、慶應の小学校というものは、学力云々よりも様々な条件が重要、とまことしやかに言われるように、たまたま横浜市青葉区に富裕層が多くなったことが原因だろうと言われている。また、大学の付属校はどこも同じだが、小学校入学組はバカ、中学入学組は普通、高校入学組は優秀、というのが現実（もちろん例外も多いが）。最終的に社会に出て苦労しない力を身につけるという意味では、小学校からの大学付属校は、手放しに賛成できるものではない。

都内名門校の配置から教育に向いた地域を考える

御三家に通うのは親が大変？

さて、親の学歴が高く、比較的収入も高い東急田園都市線沿線などは、教育環境は良好だが、有名校への進学を考えるとあまり有利ではないというお話をした。もちろん、高校生にもなれば1時間通学などは当たり前なので（筆者の友人には2時間通学をしていた人物が複数存在する）、中学校までは公立、高校からは私立を含めて選択というのならば、田園都市線沿線や江東区臨海エリアなどの新興住宅地は良いチョイスといえるだろう。

では、そうではなく、小中学校から有名校に通う場合、教育環境を含めて有利な場所はどこなのだろうか。

まず、受験有力校を見てみよう。御三家では、麻布の最寄り駅は広尾、開成は西日暮里、武蔵は江古田である。まず、この三校全てに通いやすい場所を考えると、山手線沿線になる。

より一層通学条件にナーバスになるべき女子校の場合、桜蔭は水道橋、女子学院は麹町、雙葉は四ッ谷である。これらのエリアには、中央線沿線（というより比較的空いている総武線）か都営三田線、東京メトロ有楽町線の使える豊島区、板橋区に有楽町線豊洲駅が使える江東区がベターとなる。

国立はどうだろうか。学芸大付属中4校の最寄り駅は西武池袋線の大泉学園（国際・中高一貫）、中央線国分寺（小金井）、田園都市線駒沢大学（世田谷）、丸ノ内線茗荷谷（竹早）。高校は東急東横線の学芸大学。筑波大学附属は有楽町線の護国寺、筑波大学附属駒場は京王井の頭線の駒場東大前。お茶の水女子大学附属は丸ノ内線の茗荷谷となっている。学芸付属と筑駒は田園都市線からも比較的アクセスが良い。国立中はそこそこ場所がばらけているが、やはり一部を除けば基本的に山手線周辺だ。

これらの学校は、全て受験有力校の指針である東大合格者数を争っている。つまり、これらの学校で授業についていけなければ、まあ東大とまではいかなくても、そこそこの大学に進学できるだろうという学校である。

しかしだ、これらの学校に、小中学校から子どもをストレスなく通わせようと思うと、マンションを買ったり家賃を払ったりする親としては非常に厳しい選択をしなければならないだろう。なんと言っても、これら全ての学校にストレスなく通える地域は山手線沿線しか存在しないのである。

都心部の区は小学校から私立なワケ

さて、それを証明するデータがある。左の頁に掲載したのは、東京23区の国立・私立中学進学率である。まず、千代田、中央、文京、港の4区が、なんと40%を超える数字であることに驚かされる。続いて、目黒、世田谷、渋谷、新宿が30%台。中野、杉並、豊島、台東が25%超となっており、このあたりまでが特に国・私立中学への進学が盛んな地域というべきだろう。

さて、面白いのが、先に紹介した学力調査との比較である。千代田区などのように、半数近くが国・私立中学に行ってしまう地域の公立中学校は、普通に考えると「成績優秀な子どもは国・私立、ダメな子が公立に入る」という図式

国・私立中学進学率（2014年）

	公立小卒業者	国・私立進学率
都合計	93,868	18.4%
区部合計	58,356	22.7%
千代田区	417	44.1%
中央区	778	43.8%
文京区	1,129	43.8%
港区	1,058	41.4%
目黒区	1,350	37.1%
世田谷区	5,357	35.2%
渋谷区	869	32.7%
新宿区	1,353	30.0%
中野区	1,420	28.7%
杉並区	3,033	28.7%
豊島区	1,222	27.6%
台東区	1,044	25.1%
品川区	2,113	24.9%
大田区	4,637	22.5%
江東区	3,404	22.4%
北区	1,938	21.5%
荒川区	1,406	20.1%
練馬区	5,584	17.4%
板橋区	3,674	16.5%
墨田区	1,584	15.0%
葛飾区	3,444	14.5%
足立区	5,347	13.8%
江戸川区	6,195	12.2%

東京都教育委員会

になりそうなものである。しかし、ほとんどのエリアが公立中学校の成績も優秀なのである。

これこそが、環境の違いを表しているといえるだろう。まず千代田区は、そもそもの子どもの数が非常に少なく、特に意識をしなくても、少人数教育になり、手厚いケアがなされている。その上で国・私立中学校への進学率が高いのは、元々の学力が高いのに加え、公立中学校の絶対数が少ないことから、国・私立を含めて「通いやすい」学校を選ぶ「必要」がある環境なのである。そこら中に地下鉄の駅があり、交通量の多い車道のある都心部では、近所の公立でも、近所の私立でも通学環境は変わらない。そういう気軽さ、というべき感覚が存在するのである。同じような感覚ではあるが、中央区や港区は、ある程度児童数がいるためか、「国・私立流出」によって、公立中学校の成績が多少落ちている。

公立のレベルが高いのは中野区?

では、都心部以外で私立進学率の高いエリアの状況はどうなっているのだろうか。注目したいのが中野区だ。中野区は、小学校の学力調査では例年中位をさまよっており、おおよそ平均レベルの学力である。しかし、国・私立進学率では28・7%と非常に高い数値となっており、約3割の「優秀な児童」が公立に行かない、という形になっている。しかし、中野区の公立中学校は例年10位前後と健闘しており、むしろ公立中学校がかなり健闘している、という結果だ。

世田谷区や杉並区など西部各区でも同じような傾向があり、これらの地域も国・私立進学児童と公立進学児童の差が少ないようにみえる。都心部では文京区、目黒区も同じような傾向だ。

逆に、大田区は22・5%とそれなりに高い国・私立進学率を誇っている。先に挙げた2008年度の学力調査では、小学校最下位、中学校20位と中学校で順位を上げているが、それでも最下位との点数差はたったの0・9点。ほとんど誤差である。やはり、「流出」の影響で、中学校も下位に沈んでいるというべきだろう。豊島区も同様の傾向にある。

また、練馬区などは、むしろ国・私立進学率の低さが、順位アップに繋がっているようだ。残念ながら、下位グループは公立校の学力、国・私立進学率共に低く、「エリート層の流出によってレベルが下がっている」という言い訳は不可能だ。

教育〝環境〟格差はなぜ生まれるのか

さて、東京23区において、子どもの学力に影響する区ごとの環境の違いを考察してきた。結局、親がお金持ちで学歴が高く、通学状況が良い地域は教育環境も良い、という身もふたもない結果となっている。

しかし、先にお話しした通り、トップをとる子どもはあまり地域差はなく出現しているし、小中学校から国・私立に通ったからといって、最終的に優秀な社会人になれるとも限らない。それを踏まえた上で、次章では「教育環境とお金の関係」を、さらに細かくみていくことにしよう。

2章

学力は金で買える

教育費総額は800万〜2450万円

私立小学校はかなり、お高い

子どもの学力は親の学歴や収入に左右される。では、もう少し具体的に親の収入と学力の関係を見ていくことにする。

まず、今時の教育費とは、どのくらい必要なのかを確認しておこう。次頁の表は、2009年に文部科学省が教育白書に掲載した大学卒業までにかかる費用の一覧だ。ちょっと古いが、わかりやすい概要としてみてみよう。

この表は、幼稚園から大学までを公立、私立など様々なケースで算出している。これによると、子どもひとりにかかる教育費は最小の800万円ちょっとから2450万円までの幅がある。その差は約1600万円。安い中古マンションなら購入できてしまう金額である。

大学卒業までにかかる費用

区分	学習費等（※1）総額						合計
	幼稚園	小学校	中学校	高等学校	大学（※2）		
ケース1 高校まで公立， 大学のみ国立	669,925	1,845,467	1,443,927	1,545,853	平均	4,366,400	9,871,572
					自宅	2,876,000	8,381,172
					下宿・アパート	5,332,000	10,837,172
ケース2 すべて公立	669,925	1,845,467	1,443,927	1,545,853	平均	3,920,000	9,425,172
					自宅	2,680,400	8,185,572
					下宿・アパート	4,870,000	10,375,172
ケース3 幼稚園及び大学は私立， 他は公立	1,625,592	1,845,467	1,443,927	1,545,853	平均	6,239,600	12,700,439
					自宅	5,175,200	11,636,039
					下宿・アパート	7,905,600	14,366,439
ケース4 小中学校は公立， 他は私立	1,625,592	1,845,467	1,443,927	2,929,077	平均	6,239,600	14,083,663
					自宅	5,175,200	13,019,263
					下宿・アパート	7,905,600	15,749,663
ケース5 小学校だけ公立	1,625,592	1,845,467	3,709,312	2,929,077	平均	6,239,600	16,349,048
					自宅	5,175,200	15,284,648
					下宿・アパート	7,905,600	18,015,048
ケース6 すべて私立	1,625,592	8,362,451	3,709,312	2,929,077	平均	6,239,600	22,866,032
					自宅	5,175,200	21,801,632
					下宿・アパート	7,905,600	24,532,032

※1「学習費等」には授業料などの学校教育費や学校給食費，学校外活動費が含まれる
※2家庭から学生への給付額を使用

平成21年度文部科学白書より

これを見て、改めて目を見張るのが、私立小学校の学費だ。公立の小中学校は基本的に授業料が無料で、遠足や修学旅行などの課外活動費や給食費などのその他費用がおおよそ年間10万円。これに対し、私立小学校では授業料などが年間80万円程度、その他費用が60万円ほどで140万円もする。

面白いのは、これが同じ私立でも中学校になると授業料こそ年間100万円弱になるが、その他費用が30万円前後と下がり合計約130万円。高校になると、合わせて年間合計が110万円ちょっとと下がっていく。もちろん、これは全国平均の話なので、それぞれの学校によってかなり違いはあるだろうが、やはり私立小学校は相当な金食い虫であることは確かである。

生涯賃金の20%近くが教育費に

さて、総額は解ったが、改めて見ると恐ろしい数字である。しかも、今時は中学校から私立というケースが多くなっている。というのも、私立校の多くが中高一貫化を進め、高校からではそもそも入学するのが不可能な学校がやたらと増えているためだ。

そう考えると、ケース5の小学校だけ公立、という数字を基本にするべきだろう。つまり、基本的に子どもをひとり育てるのに、約1528万円が必要になるわけだ。

しかしこれは莫大な金額だ。現状、サラリーマンの生涯賃金は約2・5億円程度と言われているが、この数字はどんどん下がっていくことが確実視されている。現在の子どもの親世代は、もろにこの「低下」の影響を食らう。今後は、大手企業の中でも一部のエリート層はこの数字をキープできそうだが（それでも一昔前は平均3億円と言われていたのだから大損減だ）、大手企業でもあまり出世できなかった人、中小企業、非正規雇用では遥かに下がり、1～2億円がせいぜいというところのようだ。

つまり、子どもひとりに1500万円もかかるのであれば、多くの人は一生掛けて稼ぐお金の10～20％が飛んでいく計算になり、相当にきつい。

教育費の厳しさを物語るデータがもうひとつある。同じく2009年の教育白書には、子どもの成長段階と家計の貯蓄率という数値が公表されている。これによると、2004年の段階で、子どもが大学生になるとその時点で世帯の貯蓄率がマイナスになっている。その時の収入では大学生の学費をまかなうことができず、それ以前の貯蓄を切り崩して子どもを大学に通わせているということだ。私立大学の費用は、4年間で約624万円。年間160万円程度が必要になる。つまり、最低でも子どもが18歳になった時点で学費の半分にあたる300万円程度の貯蓄がないことには、安心して子どもを大学に通わせることなどできない、というのが感覚的なところだ。

奨学金条件の緩和に見る教育費負担の増大

この問題に有効なのは奨学金だが、これも諸条件があり、例えば子どもひとりと夫婦共働きの場合、世帯の収入が657万円を超えると基本的に給付対象から外れる（2016年基準）。父親が年収500万円で、奥さんがパートでそこそこ稼いでいるレベルだと受給できない計算だ。また、注目したいのはこの世帯年収上限が、2013年は752万円だったこと。つまり、わずか3年で100万円も基準が緩くなっているのだ。奨学金を貰わないと大学なんて無理！　な家庭がどんどん増えていることの、ひとつの証明といえるだろう。

子どもの教育費用シミュレート　幼稚園・小学校

実際にかかる費用はいくらなのか

　さて、子どもの教育費はかなりの出費であることを改めて確認した。続いてさらに細かくシミュレートしてみよう。というのも、前項で挙げた数字は全国平均のもの。本書は東京23区を題材としているので、基準は東京におかねばならない。当然、東京は地価も物価も地方に比べ高い。必然的に、学費や各種経費は全国平均より高い場合が多いと見なす必要があるからだ（その分、大学時にひとり暮らしをさせなくて良いという要素があるので、トータルすればプラスマイナスゼロに近づくということもある）。

　まずは幼稚園からだ。まず前提条件として、幼稚園（保育園・子ども園）は8時間程度預かりの「短時間」の数字を採用している。さて、次にあるのは公

公立・私立幼稚園・子ども園年間経費（2017年度）

私立幼稚園			
入園料	保育料	教材費	給食費・その他
120,000	331,200	30,000	30,000
年間経費	391,200	3年間総額	1,293,600

区立幼稚園・子ども園（年間）			
千代田区	47,300	渋谷区	60,000
中央区	55,000	中野区	102,000
港区	74,300	杉並区	98,400
新宿区	66,000	豊島区	120,000
文京区	144,000	北区	66,000
台東区	79,200	荒川区	90,000
墨田区	72,000	板橋区	120,000
江東区	78,000	練馬区	96,000
品川区	98,400	足立区	66,000
目黒区	108,000	葛飾区	117,600
大田区	区立なし	江戸川区	36,000
世田谷区	120,000	区部平均	87,009

私立は無作為抽出サンプルの平均 区立は各区公式サイトより
公立幼稚園は納税額により変動がある場合、年収400万円程度の数値を採用
夏期休業などのある公立幼稚園の場合、11カ月の合計 月による費用の変動がある場合は合算
公立幼稚園の入園料は1,000円程度が主なため除外

立、私立幼稚園の保育料比較だ。公立の場合、区ごとにかなりの差があるのだが、平均で見ると私立のおおむね4分の1程度だ。ただ、区立幼稚園は確かに安いが、給食はなく弁当を作らなければならないケースが多いことも留意しておきたい。

また、確かに公立の幼稚園は安いが、全ての子どもが通えるわけではない。実際、「狭き門」というべきなのが現実だ。

2009年に内閣府が行った「平成21年度インターネットによる子育て費用に関する調査」によると、東京23区の幼稚園児にかかる1年間の子育て費用（食費や貯蓄、旅行費などを含めたトータル金額）は平均約150万円。このうち保育費は約40万円となっている。先に挙げた保育費に、課外活動費などが上乗せされたとしても、この結果からみると、ほとんどの子どもが私立幼稚園に通っているといってもいい数字となっている。実際、一部の例外を除き、ほとんどの区は私立幼稚園の数が圧倒的に多く、人口の多い世田谷区や練馬区、足立区などでは、区立1園に対して私立が6～8園となっている。公立の幼稚園に入ることができるのは、抽選を勝ち抜いた、本当に一部の運の良い家庭だけなのだ。また、公立幼稚園は基本的に2年間、私立は3年間の保育期間であり、母親（父親）の職場復帰との絡みを考えると、必ずしも公立が有利とはいえない事情もある。

ちなみに、各区ともに幼稚園児を抱える家庭には助成金があり、3〜10万円程度を貰うことができるが、3年間の保育費が120万円とすれば焼け石に水。お金を貰えるのは確かにありがたいが、区ごとの「教育格差」という意味では、それほど大きな要素とはいえないだろう。むしろ、区立幼稚園を廃止して、私立幼稚園に区がお金を出し、住民の負担額を区立幼稚園に一律で近づけている大田区や、同じような保育料の公立、私立一律化を推進している杉並区などのほうが、合計金額という意味では有利といえるだろう。

小学校はほとんどが公立だけど

東京23区の幼稚園事情をはみるに、幼稚園時代に公立で節約をするというのは運任せだ。しかし、小学校は違う。東京都の私立小学校の生徒は、学年あたりおおよそ4千人強に対し、公立は5万人。10倍以上である。ほとんどが公立の小学校に通うとみていいわけだ。この際、私立小学校はもう6年間で800万円以上かかるとだけ覚えておいて、ここでは東京23区の平均値を、おおよそ公立小学校の場合の費用計算でしておこう。

前提として、先ほど挙げたように公立小学校の学費の全国平均は6年間で約185万円。次頁に挙げる子育て費用に関する調査では、学校教育費と塾や習い事などの学校外活動費・教育費の合計がおおよそ42万円程度なので、6年間で252万円と東京23区はかなり高くなっている。

その原因は、食費とレジャー・旅行費、それに塾などの学校外教育費の大きさだ。ここは、明らかに東京23区で子育てをすることのデメリットとなっている。食費は全国平均の約28万円に対し、東京23区では約34万円。東京以外の大都市圏である政令指定都市の平均が全国平均と大差のない数字となっており、東京の飲食費の高さが家計を直撃している。次にレジャー・旅行費だが、これは地方出身者が多数を占める東京だけに、帰省などが影響しているのだろう。また、テーマパークなどが充実しており、それらに子どもを連れて行く「必要」が生じることも影響しているのではないか。

地域別「小学生」第1子一人当たりの年間子育て費用額の主な項目

	全国	東京23区	政令指定都市
衣料・雑費	68,970	81,248	71,840
食費	278,294	340,482	282,142
生活用品	83,419	106,785	81,065
学校教育費	105,242	136,684	104,773
学校外教育費	106,089	166,520	112,978
学校外活動費	94,985	121,683	101,779
子どものための貯蓄	163,037	169,379	157,043
レジャー・旅行費	167,044	229,400	163,961
その他費用を含めた合計	1,153,541	1,441,654	1,162,877

平成21年度インターネットによる子育て費用に関する調査 より作成

注目したいのが、学校外教育費だ。食費や旅行費は物価や帰省など回避できない理由で高くなっているわけだが、学習塾や受験費用は選択的に支払っているとみるべきだ。

これを、全国平均と比べてみた。次の表は、2014年に発表された塾などの費用の全国平均金額だ。これによると、公立小学校の生徒が学習塾に通った場合、平均で5万円程度の出費となっている。先ほど見た子育て費用に関する調査と比較してみよう。子育て費用に関する調査における学習塾費などの費用にあたる学校外教育費は全国平均で約10万円。ちょっと強引にこれを当てはめると、学習塾費と家庭内学習費の合計が約2万円でこれに塾の教材などを含めて全国では10万円程度になっていると考えられる。教科書や参考書などはほぼ全国一律価格なので、違いが出るのは学習塾費のみとしよう。つまり、全国平均では小学校の学習塾費は5万円でも、東京23区の場合は11万円と全国の約2.2倍程度かかっている。この平均金額の違いは、東京都の小学生が塾に通う比率が非常に高いこと（東京都が約58％なのに対して全国平均は約47％）、学習塾に複数通う子どもや家庭教師との併用が多いことも挙げられるので、実

東京23区の公立小学生学習塾費

	全国平均	東京23区
平均	52,183	114,803
第１学年	21,425	47,135
第２学年	22,629	49,784
第３学年	35,734	78,615
第４学年	53,074	116,763
第５学年	67,035	147,477
第６学年	109,568	241,050

文部科学省 平成26年度子供の学習費調査 より作成

際には、東京23区は全国の約2・2倍以上「かけている」というべきだろう。

もう少し具体的に考えてみよう。先ほどご覧いただいたように、小学生は学年が上がるにつれて塾などの金額が上がっていく。東京23区では小学生が学習塾などに通う経費が約2・2倍という数字になっていたわけだが、これを学年別にあてはめてみると上のようになる。中学受験を控えた6年生時には、なんと年間24万円ものお金が必要になるのである。

ただ、この2・2倍という数字は、やたらと学習塾費等にお金を掛けている私立小学校の存在も含まれているので、公立小学校に限定すればもう少し低くなるはずだが、とりあえず家計の試算としてはこのくらいかかるものだと考えておいたほうが無難だろう。

というのも、特に小学生時代というものは、「世間並みの待遇」が重要な時期だ。周りの子どもが塾に通っているのに、自分だけ通えないのであれば強烈な疎外感を感じてしまう恐れがある。実際に勉強をしているしていないよりも、こうした「おいてけぼり」感こそがコンプレックスとなり、最終的な学力や人格形成に悪影響を与えることは多い。効果があるなしは関係なく、学習塾に「通わせることができる」状況は整えておきたい。

子どもの教育費用シミュレート　中学

徐々に差が減る私立と公立だが

先ほどまでみてきた小学校では、私立と公立でかなりの教育費の差があった。特に私立は、授業料のみならず、学習塾などの費用も加わって公立小学生の4倍近くのお金がかけられていた。

しかし、この差は中学校以降、徐々に縮まってくる。だが、それは教育費が安くなるという訳ではなく、単純に公立校でも私立と大差ない費用が必要になってくる、という話である。また、特に東京23区では中学校から爆発的に私立へ通う子どもが増えるため、全体として見れば、全ての家庭でかなりの教育費を要求されるようになる、と言うべきだろう。

さらに、昨今の状況としては、東京では大学受験に有利な学校は、中学校からしか入学できない、という事実がある。現在の親世代が中高生だった1980〜90年代は、ほとんどの学校が高校からの入学生を迎えていた。しかし、今ではいわゆる進学校や有名大学の付属校の多くが中学校からの入学を強化し、高校からの受験枠を縮小、または撤廃している。

これは、少子化の影響が主な要因だろう。例えば、中学校100人、高校500人の併設校があったとしよう。これが少子化の影響で今まで通りの生徒数を確保するのが難しくなる。学校のブランド力を高め志望者を増加させるのが少子化に対抗する正攻法だが、これを採用できるのは「S」ランクの学校だけというのが実情。偏差値65以上の有力校でも、生徒の絶対数が減少するという状況では、手を打たなければ定員確保やレベルの維持がいずれ難しくなるのが現実だった。それを見越して、中学校からの入学者を増やし、いわゆる囲い込みを行ったわけだ。古くから中高一貫を貫いて高い実績を積んできた麻布などの例もあったわけで、多くの学校が中高一貫化を推し進めた。Sランクといって問題の無い早稲田大学〝高等〟学院までが、付属の中学校を作る時代だ。ある意味世も末と思うのは筆者だけだろうか。

高校受験の「費用」から考える公立・私立のメリット・デメリット

高校受験時の「選択肢の狭さ」を考えると、中学校からの私立進学を真剣に考えなければならないのが現代だ。筆者の個人的な考えとしては、進学に目的意識をある程度もてるようになる高校受験時に幅広い選択肢が用意されていない現状はかなり問題だと思うわけだが、現実問題としてはそうもいっていられない。

まず、ここでは私立中進学の場合と、公立中に進んで高校受験をする場合の費用を比較し、それぞれの利点、欠点を考えてみたい。

前提条件として、私立・公立の違いに、

・高い私立中に通うことで高校受験費（塾など）を削減できる

・学校は公立で費用を抑え、その分高校受験対策に費用を投入できる

というそれぞれのメリットがある、のではないかという考え方をしてみる。

さて、まずは先ほども使用した各種データをみてみよう。まず目を引くのは、「中学生学年別補助学習費」の学習塾費における塾費用の差だ。中学3年時の項目が顕著で、公立が私立の2倍以上かかっていることがわかる。要するに、

中学生第1子一人当たりの年間子育て費用額

	衣料・雑費	食費	生活用品	学校教育費	学校外教育費	子どものための貯蓄	レジャー・旅行費	その他費用を含めた合計
東京23区	76,991	451,924	107,039	469,954	349,688	237,522	214,830	2,118,264
全国	76,507	356,663	97,139	274,109	248,556	179,910	146,710	1,555,567

平成21年度インターネットによる子育て費用に関する調査より作成

中学校学習費など総額

公立中学校学習費など総額		私立中学校学習費など総額	
1年間	3年間	1年間	3年間
481,309	1,443,927	1,236,437	3,709,311

平成21年度文部科学白書より作成

中学生学年別補助学習費（2014年 全国平均）

学年	家庭内学習費		家庭教師費等		学習塾費		その他	
	公立	私立	公立	私立	公立	私立	公立	私立
平均	14,335	26,652	21,489	26,874	204,583	135,356	5,397	5,739
第1学年	12,008	33,927	16,810	33,677	125,018	107,105	2,431	3,233
第2学年	13,144	21,632	23,395	23,225	161,115	141,936	2,491	5,744
第3学年	17,816	24,435	24,212	23,755	326,333	156,886	11,216	8,228

文部科学省 平成26年度子供の学習費調査より作成

子どもが中3の年の出費（この数値によれば約33万円）を見越してお金を用意していなければ、家計が破綻するのである。この数字は全国平均であるが、やはり高校受験の費用は、一貫校の多い私立中学に対して相当にかかることになる。

さらに、総額を表す項目を見ると、やはり全国平均と東京23区ではかなりの違いがある。小学校のケースで見たのと同様、23区はお金がかかっている。現状の私立中学進学率は全国でおおよそ7％だ。ここから簡易的に逆算してみると、全国の私立・公立を合わせた学校教育費、学校外教育費の年間総額平均はおよそ53万円なのに対し、東京23区では82万円。30万円近くも東京23区が高い。つまり、東京23区においては、公立中学3年時の塾出費は33万円ではないわけだ。

では、実際のシミュレートを行ってみよう。せっかくだから、私立は超名門である麻布を例にとろう。なお、学費などは変更される場合があるので、2016年現在の大まかな金額で計算することにする。

まず、単純な学費のみで見ると、私立は入学金は30万強、授業料は50万円弱

中学校学費比較

学年	項目	私立	公立
1年	入学費	300,000	0
	授業料	500,000	0
	その他（給食含む）	350,000	270,000
	総額	1,150,000	270,000
2年	授業料	500,000	0
	その他（給食含む）	350,000	270,000
	総額	850,000	270,000
3年	授業料	500,000	0
	その他（給食含む）	350,000	270,000
	総額	850,000	270,000
学費のみ総額		2,850,000	810,000

高校受験対策費

塾費用概算		
項目	中学3年時	中学1・2年時
入学（塾）費	10,000	20,000
月額	360,000	400,000
夏期講習（中3は合宿）	100,000	80,000
冬期講習	40,000	80,000
入試対策	25,000	0
教材費	15,000	30,000
模試	30,000	60,000
塾総額	580,000	670,000
3年間総額		1,250,000
塾以外概算		
参考書など	30,000	20,000
受験料	私立（4校受験）	公立
	80,000	3,000
3年間総額		1,383,000

一般的に3年間の総額は180万円といわれているので、これに家庭教師などその他40万円前後を想定する必要がある

複数塾・予備校データから概算

で、その他費用に25万円ほど。初年度の総額は105万円程度なので、中学3年間で270万円がおおよその金額である。これに塾などを含む諸経費を加えた私立中学の全国平均総額で3年間371万円程度なので、麻布に入学した生徒は、授業料の他に年間33万円以上は「使う余裕がある」という計算になる。

続いては公立中から高校受験をする場合の費用だが、これは一般的に「3年間で180万円」という金額をよく聞く。それを想定して費用を算出してみたのだが、学習塾に1年生から通い、3年生時には合宿の夏期講習なども含めてみても、180万円には到達しなかった。つまり、多くの家庭で、複数の塾に通わせたり、家庭教師を補助的に使っているなど、これ以上の金額を使っているということだろう。この概算では模擬試験の費用を多少低く見積もっているかもしれないが、それ以外はおおよそ実際に近いはずだ。高校受験対策費を180万円とすると、公立の中学校に通っても、結局3年間で260万円は必要になってくる。これに対して、今回例に出した麻布などでは「塾に通わずに学校の授業をマジメに受けている子どもの方が成績が良い」などと言われることを考えると、私立・公立の費用差は案外少ないということがわかる。

私立中にまつわるもうひとつのデメリット

先ほどの費用比較では、高校受験の選択肢の低さも考慮に入れると、やはり中学校から私立に通うほうが有利に見えた。だが、私立中学校だからといって、学校に頼りっきりというわけにもいかないケースもある。

確かに、有名私立中の授業レベルは高い。筆者の知人の有名私立中出身者に聞いても、高校2年生の途中から予備校に通ったくらいで東京大学など有力校に合格している人間は多い。しかし、中学校からレベルの高い授業を行うということは、せっかく合格しても、学校の授業について行けない生徒が発生する可能性もあるということだ。今回の取材では、麻布ではない有力私立中学校に合格した子どもが、「学校の授業について行くために塾通い」をしているという話を聞いた。また、中高一貫で気が緩み、ちょっと自由すぎる中学校生活をしている子どものケースも確認できた。

これらの例を見ると、公立中では高校受験対策の「金銭」リスクが存在し、私立中学は「学校のレベルが高すぎる・気が緩む」リスクがそれぞれ存在するといえそうだ。

子どもの教育費用シミュレート　高校・大学

浪人させるくらいなら出費を惜しむな?

高校は、今やほとんど義務教育と化しているが、大学も同じような状況になりつつある。大学進学率は2000年頃に50%を超え、60%に迫りつつある。

この社会状況に対していろいろ言いたいことはある。だがそれは後に回すとして、現実問題、なんとしても子どもを大学くらいは出してやらないと、というのが親の責務になってしまっている。

しかし、これが高い。まずは昨今の大学受験における金銭事情をみていこう。

まずは、学習塾・予備校の費用だ。これが夏期・冬期講習などを除くと年間50万円ほど、夏期・冬期講習などは年間10～20万円程度がひとつの基準だ。

そう考えると、夏期講習などは2年生からとして、基準額は約190万円。

おおよそ高校受験の時と同じである。だが、高校受験と違って大学受験には浪人リスクが存在する。これまで紹介してきた「平成21年度インターネットによる子育て費用に関する調査」では、高校生の子育て費用が見当たらなかったが、おおよそ中学生と同じと考えると、学費、塾などを除いた食費などの合計は約120万円。これに予備校年間70万円（高3時と同額で計算）を加え、さらに大学の受験料その他が20万円程度として200万円以上。浪人をさせると、単純に家計にこれだけの「ロス」が発生する。浪人をさせるくらいなら、3年間で300万円かけて手厚い受験対策をさせるほうがよほど「お得」だ。

というわけで、ここでは大学受験対策費として、3年間で300万円。受験料などで20万円に少しおまけして、総額350万円かかるとしておこう。

都立高校凋落の歴史

総額350万円とは恐ろしい数字だ。全国平均では、私立高校約43万円、公立約28万円というのが、3年間の塾・予備校費だ。東京は10倍に近いと覚悟しなければならない。

さて、ここまで金がかかるとなると、どこかで削る枠が欲しくなる。そんな時、注目したいのが近年急速に地位を回復させつつある都立高校だ。

元々、東京の大学受験名門校は、私立御三家などよりも格上の、日比谷、戸山、西という都立御三家が存在した（戸山の代わりに国立を入れる場合も多いが、今回は東京23区に絞る）。加えて、白鴎、富士、三田などの旧制高等女子系や、小石川、両国、新宿、青山といった都立高が上位グループだった。

これらの高校は現在も高いレベルを保っているが、今の親世代には、案外なじみが薄い。というのも、今の親世代が高校受験を行った1980～90年代は、都立高校が「凋落」していた時期だったからだ。旧制府立第一から繋がる名門中の名門であった日比谷ですら、東京大学の合格者を出せない年があったくらいで、辛うじて踏みとどまったのは西くらいという時代だ。

なぜ、都立は凋落したのか。これは内申点の重視と学校群・学区制という受験制度にあった。簡単にシステムを説明しておくと、基本的に都立高校は自分の住んでいる学区（第三学区なら中野・杉並・練馬）しか選択できず、都の統一試験と内申点の合算で総合得点が決まり、その成績上位者から順番に、学区内のトップ校から生徒を分配していくという方式だった。

　これがあったおかげで、日比谷や西に行きたくても、学区が違ってそもそも無理だったり、純粋に勉強ができる生徒よりも、中学校でのおべっかが上手い＝内申の高い生徒のほうが優遇されたりという事態が発生した。

　また、全体的に学力レベルの高かった学区の中学校では別の弊害も発生した。筆者はそこそこ全体の学力レベルの高い区立中学校に通っていたのだが、成績が良くても私立志望の生徒に対しては、いくら試験の点数が良くても「5」はつけず、露骨に内申点を下げていた。似たようなレベルの生徒を上手く割り振るための苦肉の策だろうが、やられた方はたまらない。偏差値70の生徒でも、私立に落ちたら都立の2番手、3番手に割り振られる恐れがあったわけだ。

　こうした自由度のなさから、都立の人気は急落していった。1994年に学区制は廃止され、内申点の計算方法も各中学校のレベルに応じて変動するようになった。これによって、住所に関係なく、ある程度自由に都立高校を選択できるようになったのだ。後に内申点は相対評価から絶対評価へ変更され、弊害点はさらに改善された。また、1999年以降には都の都立高校強化策があいついで実施され、上位校の強化、底辺校の統廃合などが行われた。こうして、都立高校は、人気、実力ともに回復を果たした。「安くて旨い都立」は復活したのである。

総合金額を比較すると

さて、親世代のイメージとは違い、都立高校も有力な選択肢に入った。だが、金額面の総合比較をすると、結局のところ大学受験（入学）の安全度が高く、結果的に出費を抑えられるルートはどれなのだろうか。

いくつかのケースを比較してみよう。まず、前提条件として、全ての塾・予備校費用をこれまで見てきた金額で統一し、中高一貫校の中3時の受験対策費を削り、付属校では塾に一切行かないと想定。私立校の学費はいくつかのサンプルの平均金額で統一してある。

次の頁にあるのが、その結果。注目してもらいたいのが最終的な総計金額である。これをみると、中高一貫進学校の現役国立合格率の高さや、浪人のケースなどを考えると、中高一貫進学校から国立というルートは、実は「安い」の

進学ルートごとの大学卒業までにかかる費用

項目	学年	中高一貫 有名私立	公立中→ 私立高	中高公立	大学付属校 中学高校
中学学費・入学費	1年	1,150,000	270,000	270,000	1,150,000
	2年	850,000	270,000	270,000	850,000
	3年	850,000	270,000	270,000	850,000
中学塾・予備校費他	1年	335,000	335,000	335,000	0
	2年	335,000	335,000	335,000	0
	3年	335,000	693,000	693,000	0
中学その他子育て費用	3年間合計	3,600,000	3,600,000	3,600,000	3,600,000
高校学費・入学費	1年	950,000	950,000	225,000	950,000
	2年	750,000	750,000	220,000	750,000
	3年	750,000	750,000	220,000	750,000
高校塾・予備校費他	1年	500,000	500,000	500,000	0
	2年	700,000	700,000	700,000	0
	3年	700,000	700,000	700,000	0
高校その他子育て費用	3年間合計	3,600,000	3,600,000	3,600,000	3,600,000
大学受験料		200,000	200,000	200,000	ーー
現役総計		15,605,000	13,923,000	12,138,000	12,500,000
一浪時総計		17,605,000	15,923,000	14,138,000	ーー

大学授業料（私立）	4年間合計	5,175,200	5,175,200	5,175,200	5,175,200
私立大学卒業時総計（現役）		20,780,200	19,098,200	17,313,200	17,675,200
私立大学卒業時総計（一浪）		22,780,200	21,098,200	19,313,200	ーー
大学授業料（国立）	4年間合計	2,876,000	2,876,000	2,876,000	ーー
国立大学卒業時総計（現役）		18,481,000	16,799,000	15,014,000	ーー
国立大学卒業時総計（一浪）		20,481,000	18,799,000	17,014,000	ーー

である。また、付属校はさらに安い。都立から私大現役合格とほとんど同じであり、浪人リスクを考えると付属校は相当にお得な選択肢になる。また、高校から私立進学校に進んだ場合は金額的にはかなり不利なこともわかる。現役で大学に合格しない限り、中高一貫進学校よりも高くつく。これを見てしまうと、改めて現状の中学受験がいかに重要かを再認識してしまう。

ただ、結果的に安く収まる付属校も、受験対策費はかからないにしても、代わりに部活にのめり込んでお金がかかることは、他のルートに比べ遥かに多いだろう。実際、筆者は高校から私大の付属校に通ったが、今考えれば恐ろしいほどの部活動費を親からもらっていた。

また、有名進学校や都立トップ高は自由な校風の学校が多く、「しっかりした」子どもでないと、以前お話ししたような「気の緩み」が出るリスクは高い。有力校の子どもは、遊び回っているように見えてもしっかりやることはやっている。周囲に流されやすい子どもなら、スパルタ体質の学校が多い高校からの私立進学校が向いていて、結果的に出費を抑えることができることもあり得る。

結局、子どもの性質に合った学校選びが、費用的に最も有利になるのである。

習い事の費用は地域差が大きい

受験対策にもなる習い事

東京大学の学生新聞である東大新聞に『東大生の65％が習っていた習い事とは？』という記事があった（2015年3月）。これは現役東大・大学院生のアンケート（小学校時代）で、トップが水泳で約65％。2位がピアノなど音楽教室、3位が進学塾となっていた。注目したいのは、東大生の半数が水泳、ピアノなどの習い事が「受験の役に立った」と答えていることだ。習い事は、情操教育の意味で大変重要だが、受験対策としても有用なのである。

ただ、やはりそれにも費用はかかる。習い事の多くは小学校時代で、中学校以降は学校の部活になるケースが多いので、本格的に受験対策費が要求される時期にかからないのは救いだが。

では、まず水泳からみていこう。地域差や教室ごとの違いは大きいが、一般的な相場として、週1～2回で月額7～8千円程度。年会費と交通費、ちょっとした買い食いのお小遣いを合わせて年10万円程度がかかる。

音楽教室はさらに金額の差が大きい。伝統的に、ヤマハなどの企業主催のものと、個人教室の2パターンがある。企業主催の場合は相場がはっきりしていて、レッスン費、楽譜や諸経費など含めて月1万2千円程度、個人教室では月5～8千円が主流である。基本的には個人教室の方が安いのだが、問題は近所になかったり、レベル差が激しかったりすることで、企業の教室のほうが安心感があることは確かだ。

また、その他スポーツ教室の場合、野球やサッカーのチームではおおよその費用は年10万円程度だが、これも差が大きく非常に安い場合もあれば、高いこともある。ただ、スポーツの場合、この他に用具代がかかり、これが非常に厳しい。どんなスポーツでも最低5万円は初期費用。シューズや練習着はどんどん傷むので年数回の買い換えが必要になる。さらに試合の遠征費なども必要だ。こうしてみると、水泳、音楽教室はリーズナブルな分、人気があるのか？

3章

住む沿線で決まる進学率

杉並⟷国分寺はいかに教育エリアになっていったのか

沿線でみる高学歴地帯

東京23区で子どもの教育にかかる費用については、2章でおおよそ確認していただけたと思う。もちろんこれは基準値に過ぎず、うまい節約方法はいくらでもあるし、また青天井に費用を掛けることも可能だ。

では、ここからは本書の主題である地域差について分析していこう。まず注目したいのは、高学歴率、子どもの成績ともに優秀な東京23区西部についてだ。

1章で挙げた、市区町村別短大・高専・大学（院）卒業者比率の地図を思い出していただきたい。この高学歴率が50％を超えた地域は、東京23区では文京、目黒、杉並、世田谷のみ。市部や他県に目を向けても、武蔵野市、小金井市、国分寺市、横浜市青葉区、川崎市麻生区、鎌倉市のみである。学力調査では優秀な千代田区などの都心部は、ほとんどこの基準に達していないのである。

また、さらに目を引くのは杉並、武蔵野、小金井、国分寺と細長く続く「高学歴地帯」である。杉並区の手前の中野区も45％以上。このエリアは、つまりJR中央線の沿線である。

このエリアは、住民の学歴が高く、それに比例して学力テストの結果も良好なエリアだ。つまり、首都圏の中でもかなり教育に適したエリアといえるのが、これまで行ってきた分析の結果である。

なぜ中央線なのか

しかし、なぜこの沿線は「教育エリア」になったのだろうか。その成り立ちと環境をみていこう。

中央線の歴史を語る上で「移民」という要素は欠かせない。その始まりは江戸時代にさかのぼる。歴史の教科書で学んだように、江戸の街は火事が多かった。火事が起こるたび、幕府はその対策として火よけ地、つまり延焼を食い止める空き地を作ったり、道路を広げたりという都市整備を行った。そうすると、焼き出された上に元々住んでいた土地を使用不能にされてしまう江戸っ子が出てしまう。幕府は、彼ら被災民を強制的に江戸西部、つまり中央線エリアに移住させていたのだ。例えば武蔵野市吉祥寺は、駒込の吉祥寺門前町の住民が移住してできた街だ。

当時、江戸時代の江戸っ子は世界有数の都会人だった。中央線エリアには、江戸時代からすでに、これら移民によって都市意識が根付き始めていた。

これが本格化するのが関東大震災の後。またしても災害がきっかけだ。壊滅的な打撃を受けた東京都心部。その住民の内、比較的裕福なホワイトカラー層は中央線、小田急線、東急線エリアなどの既に鉄道網が整備されつつあったエリアに移住。ブルーカラー層は工場が次々と整備されつつあった足立、葛飾などへ移住した。関東大震災を境に誕生したこの「ニュータウン」は、西と東でこのようにかなりはっきりとした色分けがあった。

江戸以来、都市化し、関東大震災後は当時の知識階級である中流階級が集まり続けたのが、中央線エリアの成り立ちだ。所得が高く、親の学歴レベルが高い。教育エリアになって当然の歴史が、中央線には存在するのである。

大学への通いやすさと有力高校の存在

この、中流層の街という中央線の特色は、戦後になってさらに加速する。関東大震災に続き、第二次世界大戦でまたも東京は壊滅する。しかし、朝鮮戦争による特需やその後のアメリカによる「日本強化策」といったドーピング的状況もあり、驚異的な速度で復興していった。それに伴い、都心部に社屋を持つ大企業は規模を拡大。企業には社員の住居を確保する必要が発生する。このアンサーが、大量の「社宅」である。これらの社宅は各地に作られたが、中でも通勤が楽な中央線エリアには、旧財閥系など大企業のものが多かった。元々の高学歴地帯に、大企業の社宅という、さらに高学歴要素が追加されていった。

もうひとつ、戦後の経済成長により、全国的な高学歴化が進んだ。有名大学が多い東京や大阪、京都などには、全国から学生が流入。これらの学生は、やはり大学から通いやすい住宅地に住む。当然、大学がある都心部へ通いやすい中央線エリアは有力な選択肢だ。こうして、中央線エリアは学生街としての性格も強まっていく。

このように、全体として親世代の学歴が高いエリアとなっていった中央線エリアを象徴するのが、都立西高と国立高校であろう。江戸から続く東京の街の成り立ちから考えれば、中央線エリアはただの田舎町だったはずだ。しかし、基本的に地元の子どもが通う公立高校のうち、ふたつの学校が都立ナンバーワンを争うことになったのである。これは、いかに中央線エリアの平均レベルが高かったかということの、明白な証明といえるだろう。

大学付属校の林立

もうひとつ、中央線エリアの特徴に、大学の付属校の多さがある。純粋な中央線沿線だけでも、中大附属、中大杉並、法政一（現法政中・高校）、日大二、成蹊、明大中野などがある。西武線、京王線沿線といった徒歩、自転車、バス圏内まで広げると、早稲田高等学院、日大櫻丘、日大鶴ヶ丘、専大附属など、枚挙に暇がない。明大明治も調布に引っ越してきたし、また早稲田中学・高校、早稲田実業も通学エリアとしては中央線エリアだ。これらの学校は、戦前から戦後すぐ中央線エリアにやってきた。私立校は、公立と違って商業的にシビアである。近所に「自分の学校へ通うだけのレベルの子どもが多数住んでいる」

ことが重要だ。現在のように交通網が究極的な進化を遂げていない時代に、これらの学校が開設されたということは、当時からこのエリアの学力が高かったことの証明のひとつといえるだろう。

都立有力校、私立校の存在は、地域としての相乗効果を生む。元々のレベルが高いからこれらの学校が生まれ、その後、教育環境の良いエリアを求めて多くの親たちがやってくる。直接的には関東大震災からおおよそ100年をかけて、教育エリアとしての中央線の伝統が確立していったのである。

進学塾の第二勢力

教育エリアとしての証明は、学校だけではない。受験熱の高まりは、進学塾の隆盛も促進した。

進学塾の名門と言えば、駿台予備学校や四谷大塚（現在の本部は中野区）、代々木ゼミナールなど、都心部のそれが筆頭として挙げられるだろう。だが、実力的にはこれら名門と遜色ない第二グループである東進、サピックスはそれぞれ吉祥寺、荻窪という中央線が発祥の地なのである（東進は正確には三鷹だが、これもやっぱり中央線だ）。

これは、相乗効果の最大のものと言えるだろう。こと中高受験の勉強に関しては、塾への通いやすさという要素は重要だ。余計な時間をとられるくらいなら、予習・復習、睡眠、息抜きの時間を確保したほうが絶対的に効率が良い。地元に「使える」塾があるというのは教育に有利だし、また、塾としても、自分たちを必要とする子どもが多い土地、つまり中央線エリアでビジネスを行うことは、マーケティング的にも必然だったのである。ついでにいえば、中央線エリアは都心部の有名進学塾・予備校へのアクセスも当然良好だ。

すでに固定された教育地帯中央線エリア

このように、子どもの教育に非常に有利な条件を持つ中央線エリア。学歴レベルが高く教育熱心な親が多い地域なだけに、公立小中学校の全体的なレベルも高く、安心して通える区立校は非常に多い。だが、そんな中央線エリアにしても、その地位が揺らいだ時期はあった。筆者が直接目にしたのは、やはりバブル崩壊の影響だ。

筆者はちょうど、バブル崩壊直前に高校へ進学した世代だが、区立中学の後輩たちの状況を聞くと、自分たちの時代とはかなり雰囲気が変わっていたようだ。まず、明確な「不良」がごく少数派だった筆者の世代に比べ、後輩たちには不良少年が多かったらしい。同時に、中央線で「飛び込み自殺」をする人がやたらと多い時期がきた。つまり、バブル崩壊の影響で、親世代がいきなり困窮し、家庭環境が悪化した家庭が多かったということだろう。

さらに、バブル崩壊で余裕の無くなった企業が、それまであった社宅や借上げのアパートをどんどん廃止、もしくはさらに郊外へ移転させていったという事情もある。全国的に見れば中央線エリアなど「マシ」な方だったかもしれないが、やはりバブル崩壊で環境が悪化したという実感はあった。

だが、そんな苦難の時があったり、東急田園都市線沿線や江東区の臨海エリアが人気の新興住宅地となったりしても、中央線エリアの住民学歴、子どもの学力レベルは一定以上を保っている。これは、すでに固定化された地域の性質といっていいだろう。幾多の困難を経ても、中央線エリアが教育に適した土地であることは、当面変化しないだろう。

自然環境と繁華街が学力を育てた!?

吉祥寺という存在を重視してみる

中央線の教育環境を考える際に、学力や地域の学歴レベル以外に、もうひとつ注目したい要素がある。それは「中規模の繁華街である吉祥寺」の存在だ。

吉祥寺は、新宿以西の繁華街としては、長らくナンバーワンの地位を保っていた。近年では立川が急速な発展によって拮抗した存在となっているが、吉祥寺が今も魅力に溢れた街であることに違いはない。

進学塾の雄、東進はこの吉祥寺に大規模な拠点を構えており。その他中小の塾・予備校がしのぎを削っている。筆者は、高校受験の際、以前吉祥寺にあったひのき進学教室に通っていた口で、模試だけ東進を使っていたわけだが、この街は、進学塾に通う中高生にとって、非常に良い環境だった。

まず、メリハリの付けやすい街である。当時、受験は自らの命運を左右する大勝負だと思っていたが、それと同時に遊び回りたいのが正直なところ。受験勉強には気合を入れるが、それだけでは潰れてしまう。

だが、吉祥寺という街は、進学塾と同時に、多数のゲームセンターがあり、スポーツ用品店があり楽器店があった。井の頭公園でぼーっとすることも出来たし、華やかな街でマクドナルドに寄ったりサーティワンでアイスを買ったりもできた。色気づいてきた中学生らしく、パルコや街角のジーンズストアを覗いたりもできた。受験を乗り越えれば、この面白いものをすべて我が物にできるという希望を感じることができたし、事実大学の付属校というぬるま湯へ潜り込むことに成功すると、その欲望を爆発させることができた（金銭的な問題は当然あったが）。

こう考えると、吉祥寺というコンパクトにまとまり、様々なカルチャーに触れることのできた街の存在は、ともすれば辛いばかりになりやすい受験生にとって、「その後の希望」を常に感じ続けられる街だったのではないだろうか。駿台のある御茶ノ水も、古書店、楽器店、少し足を伸ばして神保町までいけばスポーツ店があり、息抜き要素の多い場所だ。いくら受験勉強を頑張っても、希望の学校に合格できなければ子どもの精神的、親の金銭的なダメージは大きい。何かを成し遂げるには、バランスが必要だ。スポーツでも、練習以外のリラックスタイムの確保は大変重視されている。だが、まだまだ未成熟な小学校高学年、中高生には、自覚的にそのバランスを調整する能力は乏しい。その場合、「街のバランス」に頼ることのできる吉祥寺のような街は、大変有用な存在なのではないだろうか。

大規模繁華街のバランスは悪い

こういうと、新宿、渋谷、池袋の街は、もっと充実した息抜き要素があるではないか、と思う方も多いだろう。だが、筆者はそれら大規模繁華街は、息抜き要素は充実していても、バランスは悪いと考える。

まず、大規模繁華街は基本的に大人の街だ。少なくとも高校生以上が対象だ。これら巨大な繁華街は、小中学生にとっては危険であり、気の散る要素が大きすぎるか、もしくは「恐い街」である。

また、塾エリアと繁華街の距離が遠すぎる。吉祥寺であれば、メインストリートである駅前から3分も歩けば、ちょっと暗いイメージの井ノ頭通り沿いの東進エリアにつく。ここには明確な「境界線」がある。駅前から映画館を左に見て、街道に出ると一気に「勉強エリア」に入るのである。それに引き替え、大規模繁華街では、駅から結構な距離を歩き、たっぷり繁華街の明るい光にさらされた後に、これまた繁華街のど真ん中にあるビルの一室に入っていくわけだ。この環境にストレスを感じる子どもの数は、案外無視できないほど多い。

では、そんな繁華街のない、純粋な住宅地にある塾に通った方がいいのではないかという意見もあるだろう。もちろん、それが適している子どもも多いだろう。だが、思い出して貰いたい、自分たちが中高生だった頃のことを。何よりも楽しかったのは、友だちとマクドナルドでだべったり、愚痴を言い合ったり、模試の点数の善し悪しで罵り合ったりすることだったはずだ。それらの息抜きのできる街や公園がある吉祥寺という街。その街が受験の拠点としてある中央線は、息抜きのバランスの良さから見ても、有利なエリアといえるのではないだろうか。

急激に上昇する田園都市線の学力

急速に発展した世田谷区南部から横浜市青葉区

すでにトレンドが移る兆候は見えるが、現在、首都圏でもっとも勢いのある新興住宅地は東急田園都市線沿線。それも、世田谷区の最南端である二子玉川から川崎市宮前区、横浜市青葉区にまたがる一帯だ。

このエリアが、伝統的に学力の高い「お屋敷街」である都心部、北区や大田区の一部、中央線エリアを超える学力レベルを獲得している。

現状、子どもの学力を上げるのに適しているといえるのはこれらのエリアだと言えそうだ。しかも、地価・家賃の高い都心部や、価格はそこそこでも物件数の少ない中央線エリアに比べ、今も開発の進む田園都市線エリアはあらゆる意味で選択のしやすい土地である。しかし、なぜ田園都市線沿線は、このような状況になったのであろうか。

現状の親世代である30～40代に、田園都市線エリアというものは、思ったよりも親近感がないというか、「認識の薄いエリア」かもしれない。そもそも、田園都市線というよりも「新玉川線」といったほうが馴染み深いのかもしれないのである。まず、この田園都市線の発展史を確認しておこう。

90年代から始まった東急の開発

正確にはもっと前から始まっているのだが、田園都市線沿線が一気に開発されたのは、1990年代からである。その中核は、横浜市青葉区だ。もともと、このエリアは文字通り「田園」であり、横浜という巨大都市の遥か彼方にあるド田舎であった。現在も田奈など当時の趣を残している土地はあるが、その多くは劇的な変貌を遂げている。

このエリアの特徴として、地区ごとにかなり人為的な違いが設けられていることが挙げられる。まず、あざみ野や青葉台など南部エリアは、基本的に80坪程度の中規模一戸建てが中心で、その合間に団地があるという構成になっている。住民の中心は現在50代。ちょうどバブル期からバブル崩壊直後にこのエリアに「夢のマイホーム」を購入した世代のアッパーミドル層である。

バブル期前後のマイホーム事情はかなりパターン化されている。まず、先に紹介した世田谷、杉並など広義の中央線エリアにあった社宅から、大企業の社員は国分寺エリアなどにマイホームを購入。予算に不安があった層は、八王子、千葉、埼玉などの遠隔地に土地を購入した。

この中で、渋谷・営団（東京メトロ）半蔵門線へ直通アクセス路を持っていた田園都市線沿線には、勤務地が永田町などの公官庁と大手企業勤務者、六本木から銀座に社屋が集中していたマスコミ関係勤務者が多数移住した。ランクとしては、国分寺エリアと同格、といったところである。

その後、国分寺エリアなど西部地域の土地が90年代前半には埋まってしまったこともあり、開発の余地を多く残していた田園都市線エリアはさらに住人を増やした。また、たまプラーザ、二子玉川では南部の一戸建てエリアと対照的にマンション開発が盛んになった。この流れは現在も続いており、特に宮前区など川崎市西部の東急地域はマンション建築が今も盛んだ。

バブル崩壊と学習熱の加熱

先に紹介した中央線の「伝統」と比べ、田園都市線沿線にある空気は少し固い。中央線は「元々進学するのが当たり前だからなんとなく」という空気感から始まった教育熱であったのだが、田園都市線は、もうちょっと切羽詰まっている。

これはまさに、その土地に多くの人が移住してきた時期の問題だ。田園都市線に人が集まってきたのはバブル崩壊直後から。自分たちは、高度成長期に運良く高等教育を受けられて、そのまま恵まれた環境の企業に潜り込む事ができた。が、バブル崩壊によって斬り捨てられる下請け企業、自分たちの勤務先である大企業ですら、業績の悪化、相次ぐリストラに見舞われ、力のないものはむげに扱われるという現状をまざまざと目撃し、また、自らが力の無いものを斬り捨てる「加害者」とならざるを得なかった人々である。

こうした人々が、自分の子どもに望むことは「少しでも有利なポジションに居て、ひどい目にあわない」ことだろう。学歴というものは、確かにそれほど信用に足る要素ではない。だが、「高学歴者の方が使える／変なことはしない」

というデータもある。企業の戦力たる人材が現れる確率は、残念だが高学歴者の方が高いのが現実だ。

すべての企業に余裕がなくなったバブル崩壊後、このように学歴による安全度を優先した採用は、全国的に強化された。本来、才能は大学の教育からだけ生まれるものではない。中・高卒で下積みをし、その経験を活かして企業を大きく成長させた人材は数多存在する。そうした低学歴から身を興した人材によって成長した企業自らが、その才能の目を摘まざるを得なくなったのがバブル崩壊後の日本だ。

そんな状況で、厳しいとはいえ、そこそこの所得を確保していた田園都市線の住民が、子どものために高学歴志向になるのは自然の流れだったといえるだろうが、ある意味ではこれも「悲劇」といえるだろう。

アクセスの悪さと個人教室

子どもの教育において、周辺環境は非常に重要だ。これまで見てきたデータによれば、それに作用するのは「ある程度は勉強をして進学するのが当たり前」

という親たちの作る空気と、学習環境を与えられる親の財力、そしてその受け入れ環境、つまり近所に有名校、塾・予備校が存在するかという3つの点であった。

田園都市線には、まずはじめのふたつ、親の学歴と財力はあった。だが、新興住宅地であるがために、3つめの学校や塾の整備には時間がかかってしまった。さらに、先に紹介した吉祥寺のような「環境」の整備も、また途上だといえるだろう。

つまり、親の学歴と資金面は整っていても、それを投入する環境が今も整備中だというのが田園都市線の現状だ。進路の自由度を広げる進学校や安定が保障される大学の付属校への通学は楽ではない。また、例えばあざみ野は、あざみ野駅を中心に、周辺の住宅地はバスを利用しなければ鉄道駅に到達できないエリアに広がっている。この、電車に乗る前にバスに乗らねばならない環境というものは、東京23区にはほとんどない「アクセスの悪い」環境だ。この不便さがターミナル駅前に存在する塾・予備校の利用しにくさを生んでいる。

しかし、さすがに住民の学歴レベルの高い田園都市線だ。こうした状況に、住民は柔軟に対処した。個人教室の多さが、そのひとつの表れだ。

特に、一戸建て地帯である横浜市青葉区に目立つのが、住宅地の各家庭で営まれている個人教室だ。学習塾やピアノなど習い事の看板を掲げている普通の家を、やたらと目撃する。学校や塾・予備校へのアクセス条件が悪くても、こうした個人教室の多さによって、田園都市線沿線の教育環境は、住民自らが向上させているといえるのである。

価格面での不利が田園都市線のマイナスポイント

ただ、こうした個人教室の価格面をみると、あながち良いことばかりとも言いきれない。なんというか、微妙に高いのである。先に、習い事の項目で、個人教室の多い音楽教室の月謝が「5000円~8000円程度」と述べた。実は、高い方のサンプルは、田園都市線など新興住宅地に集中している。ではなぜ、田園都市線の個人教室は高いのか。これも、厳しいバブル崩壊後の経済状況が影響している。

典型的なパターンはこうだ。夫は一流企業に勤めていても、給料は上がらず、家計は厳しくなる。その家庭の主婦は、自身が教師の経験があったり音大卒だったりする。スーパーのパートよりは、個人教室を開いた方が家計の助けになる。そうなれば、常識の範囲内でできるだけ月謝は高くしたいのが人情だ。これが、もっとのんびりした時代だったバブル以前の中央線であれば、暇をもてあました主婦がほとんどボランティアで「自分が楽しむために」やっていた個人塾や音楽教室だったのだ。当然月謝も安かった。

つまり、現状の田園都市線では、個人教室によって教育環境は整っているが、ある種「親の切羽詰まった教育熱と見栄」をカバーするため、値段が高い個人教室が多く在り、お互いに富を奪い合っている状況ともいえる。実際はそこまで醜い世界でもないのだが、構造を端的に表すとそうなってしまう。

しかし、これは子どもにとって悪いこととは言えない。学習もスポーツも同じだが、「無理矢理やらせる」ほうが、結果的に子どもの未来を開くことも多い。田園都市線には、勉強を頑張らないとろくな未来がない、という強制的な空気がある。居住エリアを選ぶ際、これはひとつのメリットとして捉えるべきだろう。強制的に勉強をさせたほうが幸せになる子どもは少なくないのだ。

教育不毛沿線はどこだ!?

東部エリアは全滅

さて、中央線、田園都市線という「教育エリア」の成り立ちと状況をみてきたが、逆に「成績の悪いエリア」もみておきたい。

筆頭には、京成、東武の私鉄2社沿線が挙げられてしまう。東武線がカバーするのは、板橋区、足立区。京成線は、足立区、葛飾区がその中心である。出発点である豊島区や台東区は、多数の路線が乗り入れるターミナル地域のためここでは省略する。

あまりに身もふたも無い結果だが、これは事実だ。先に紹介した学力調査の結果では、これらの区はいずれも下位に沈んでおり、また、親世代の学歴を示すデータでも低い数字となっている。

経済状況の変化と断ち切られた希望

　これらの地域に共通するのは、ブルーカラー住民、もしくは中小企業ホワイトカラーの多い土地であるということだ。だが、このような状況が生まれてしまったのも、やはりバブル崩壊の影響と言うべきだろう。

　本来、これらの地域は希望に満ちた土地だった。戦後の経済成長は、国民総中流化という夢をみせた。中学校を出て上京し、工場の単純労働者になり、そこから這い上がり中流以上の家庭を築くという成功物語は確かに存在したし、実際それを成し遂げた人間は多い。こうした、成り上がりの出発点が、現状教育不毛沿線となってしまったエリアなのである。

　結局、足立区や葛飾区でマジメに頑張っていれば、いずれ昇進して郊外に一戸建てを買い、子どもは大学を出て末は博士か大臣か、という物語はバブル崩壊で断ち切られた。減り続ける収入とそれに伴う閉塞感が覆い、同時に子どもの教育に掛けられる資金も、減り続けたのである。高学歴を目指す教育には、中学校以降2000万円程度のお金がかかることを先ほど確認した。10年間で2000万円だから年平均200万円である。平均年収が300万円台の地域で、どうやってそんなお金を確保できるというのか。

変わりつつある状況

バブル崩壊の実感レベルでの影響は、1997年~98年就職組が最初に受けることになった。それまで見せかけ上は持ちこたえていた日本経済が、その崩壊ぶりを隠しきれなくなった時期だ。

筆者は98年就職組で「ロストジェネレーション」などと呼ばれたわけだが、教育事情を考えればロストでもなんでもない。高校受験、大学受験を贅沢にさせてもらえた世代だ。

厳しいのは、その後の世代。つまり「ゆとり世代」と呼ばれた1987年生まれ以降だ。前述の通り、国内経済状況の悪化によって、ともすれば以前よりも学歴の重要性は増した。それにもかかわらず、地域によっては高学歴を獲得する可能性が最初から失われてしまったわけだ。こんな状況では、学力不毛地帯が生まれるのも自然というべきではないか。

だが、状況は変化しつつある。東京に限っての話ではあるが。

まず、都内、首都圏の人口が現状で増加傾向にあることに注目したい。国家財政や全国レベルでいうとこんな悠長なことは言っていられないのだが、東京は何度目かの人口増加期となっている。人口増加期に何が起こるかと言うと、学力の面に関しては「高レベルの子ども」が各地に流入するという現象がある。

つまり、各地のマンションの林立によって、本書で言うところの「高学歴の親」が至る所に流入しているという現象だ。比較的安価でも、マンションを購入できる層は中流以上。親世代も比較的高学歴・高収入だ。

そうなると、公立小中学校の雰囲気が変わってくる。これまでは、厳しい状況に追い込まれた親の姿を見て「頑張っても良いことなんてない」と思っていた学校に、「上手くすれば多少は明るくなるのではないか」という空気の中で育った子どもが入ってくるのである。

朱に交われば赤くなるということわざがある。確かに「レベルの低い地域」に引っ越してしまったために、子どもが（親の考える）「悪い影響」を受けることはあり得るだろう。しかし、逆もまたある。事実、教育不毛地帯と言われた足立区は、近年急速な成績の上昇をみせている。

移りゆく教育不毛地帯

この状況をみると、未来の「教育に適した地域」はかなりの変化があるのかもしれない。すでに「伝統」レベルになった中央線などは今後も大差がないかもしれないが、その他の地域はさらに油断ができない。

例えば、田園都市線エリアはその危険性が考えられる地域だ。ニュータウンは、一気に開発が進むため、住民の世代が「揃ってしまう」ことが多い。事実、いきなり高齢化してしまった多摩ニュータウンの例もあるし、田園都市線エリアでも開発はほぼ完了してしまったあざみ野・青葉台などは、高齢化の波が押し寄せつつある。こうしたエリアは、いずれ子どもの絶対数が少なくなり、学校や塾が撤退し、教育不毛地帯になる危険性は存在する。現在住民が増加している東武・京成線沿線も、一時教育熱が盛り上がり、すぐにしぼんでしまうかもしれない。現状を捉えることも大切だが、その未来像の予測もしつつ、どの地域が教育に有用なエリアかを考えることも必要だろう。

4章

東京23区別教育レベル

各区の良いところ、ヤバいところ

生の声を聞くとわかる意外な真相

ここからは、各区の具体的かつ細かい教育環境を見ていこう。各区の成り立ちや現在置かれている状況も重要だ。

また、本章では、これまでとは違い、基本的に具体的な取材で得られた情報をも含めて述べていく。このため、ここで記載した情報が、必ずしも全体的な真実を表しているとは限らないことは注意していただきたい。

しかし、採用したのはほぼすべてが、複数の人間が語った「事実」である。真相はともかくとして、その区では「広くそういう風に言われている」ものだと思っていただいて間違いはない。

区ごとに個性は様々だ。例えば、文字通り文京地帯である文京区も、見方によってはモンスターペアレント多発地帯だったり、成績は良くても雰囲気が悪い区であったりする。

ただ、注意したいのは、そこに暮らす親の考え方、子どもの個性によって、マイナス点がプラスに転じたり、その逆になったりすることだ。

他の人から見てモンスターペアレントな行動も、もしかしたらあなたにとっては当たり前のものかもしれない。親のあなたから見て、遊んでばかりの子どもがどこかの区ではもっとも優れた子どものスタイルなのかもしれない。大切なことは、子どもの可能性を広げるために適した環境かどうかということ。もしくは、自分の子どもには必ずしも適していない環境で暮らしていても、どんな言葉を掛けてあげれば、子どもが萎縮せず、自分の力を発揮できるかということだ。

では、各区の様子をみていこう。そこで、あなたは意外な事実を知るだろう。そこに住みたいと思うか、絶対にゴメンだと思うか。是非、自分自身と子どもの個性に照らし合わせて、参考にして貰いたい。

【千代田区】――江戸の中心ゆえに平和なエリート地帯

金なら幾らでもある！　待機児童すら皆無

東京の中心に位置する千代田区。多くの企業や公共機関がひしめきあう、まごうことなき東京都の中心だが、住民の数が少ないのはよく知られている通り。2016年1月現在で、区内の総人口は5万6022人。うち14歳までの人口は7090人に過ぎない。

そんな千代田区だが、予算は潤沢。2016年度予算案では「子ども費」に119億9274万5000円を注ぎ込んでいる。これだけ予算があるから特定園留保（近所に空きがなく自宅から離れた保育園に預けている）はあるけれども、待機児童はゼロ。認証保育園や認定こども園への予算が増加しているというが、23区のほかの地域から比べると、贅沢な悩みということだろう。

そんな千代田区には、小学校は8つ。中でも、麹町小学校と九段小学校は、古くから越境入学者も多い公立の名門校である。そこから、麹町中学校へ進学するというのは、東京区部の住民には古くから知られたエリートコース。千代田区では、少子化にともなって中学校は、麹町中学校と神田一橋中学校のふたつのみになった。千代田区では、どちらの中学に通うかを選べる学校選択制度を実施しているので、千代田区民になれば苦労することなくエリート校の生徒になれるという利点も。さらに、潤沢な予算を生かしてか、さらにエリートのための区立中高一貫校である千代田区立九段中等教育学校も存在する。こちらは、入学試験が存在するのだが半数は区民枠として設定されているので千代田区民になれば、合格する可能性は極めて高いというのが大きなメリットである。また、そうしたエリート養成ばかりかと思えば神田一橋中学校では、日本でも二校しか存在しない、通信制中学校も併設されている。こちらは、社会保障の一貫ともいえる学校だが、そうした学校が存在しているのも、教育予算が潤沢だからにほかならない。

それでも中学受験は盛んだ

そんなに公立学校が充実しているのだから、都心でありながら公立優位かといえば、そんなことはない。2015年の統計では小学校を卒業後、国立・私立中学に入学した生徒の割合は、39・11%と実に10人に4人は近所の区立中学以外に進学しているのである。千代田区よりも、この割合が多いのは中央区・港区・文京区の3区のみ。すなわち、東京でもトップクラスの教育熱心な地域を形成しているといえるだろう。そもそも、家賃が尋常な価格ではなく、庶民には一戸建てなど買えるはずもないのが千代田区。そんな地域に住んでいるのだから、もとより財産は潤沢だし、それを子どもにつぎ込むことに躊躇のない親ばかりなのは明白である。なにより、前述の公立小中学校のレベルの高さを目当てに移住してくる人も多いという。中学校に進学する段階で約4割が私立に進学してしまうということは、クラスの勉強ができる子どもがごっそりと抜けているに等しい。ということは、地元民のあまりデキのよろしくない子どもだけが公立中学校に在籍しているわけだが、それでも名門中学校のレベルが保たれているのは東京ローカルの名門信仰が存在しているからだろう。

不良も地元では悪さをしない？

周囲がしっかり勉強して安定した人生を送るのが常識という環境なので、自然と勉強しなくてはならないのが当然という空気になるのか。取材の中で、自宅は麴町、当然、番町小学校から麴町中学校と進学して最終学歴は東大という三十代男性に出会った。やっぱり、家が大金持ちだったりエリート一族なのかと思いきや……。

「いや、たまたま古くから住んでいるだけで、兄弟はみんな高卒で就職……」

どうも古くからの地元民には、そうしたエリートぶった環境に馴染めない人がいるのも事実らしい。確かに、神田祭など地元民があちこちから湧いてくる行事を見物にいくと、とてもエリートとはほど遠い、絵に描いたような「神田の生まれよ！」みたいな江戸っ子風な人に出会う。ただ、こうした人々は近所の目があるのか、地元では悪さをしないので治安が保たれているとも推測できる。とはいえ、事件が皆無なわけではない。2016年10月には、私立の名門・暁星高校で一年生の男子生徒が「からかわれて、かっとなった」と男子生徒や教師にナイフを斬りつけて逮捕される事件も起こっている。ケンカの仕方も知らないし、ナイフを隠し持っているという絵に描いたようなダメなエリートもいるのが、千代田区の実情なので、千代田区を歩いていて中高生と肩がぶつかっても、相手がひ弱そうだからと強気にでないほうがよいだろう。

足立区よりも体力でも勝る千代田区

そうした、千代田区の教育によって、どんな子供が育っているのか。東京都が実施している「東京都児童・生徒体力・運動能力、生活・運動習慣等調査」(最新データは2016年1月公表)によって、中学生までの状況は自ずと理解することができる。この調査によれば、千代田区在住の子どもの体格は中学三年生時点で、男子の平均は身長167センチ、体重54・5キロ。女子は157・6センチ、体重48・7キロとなる。千代田区とは好対照と思われる足立区と比べると、こちらは男子の平均が身長165・6センチ、53・4キロ。女子が156・6センチ、49・6キロとなる。運動ばかりしていそうな足立区よりも千代田区のほうが体力的に優れているのか……? 反復横跳びや50メートル走などの体力測定を数値化した合計点では、中学三年男子で、千代田区が

46・1点、女子が48・1点。対する足立区は男子が45・3点、女子が46・1点である。やはり、体力的には千代田区のほうが優れていることがデータから読み解くことができる。その理由は、千代田区のほうが部活動に熱心だからである。中学校3年時点での運動部所属率は、千代田区は男子が75・9%、女子が59・6%。足立区は男子69・5%、女子48・1%である。さらに携帯視聴時間の項目では千代田区では男子が1～2時間が39・9%、女子も1～2時間が34・3%で最多。対する足立区は、男子、女子ともに3時間以上がそれぞれ29・6%、30・2%で最多となっている。ここから窺えるのは、千代田区では部活動とも両立しつつ、勉強に励むことが当然になっていること。その常識から外れにくい環境が子どもたちの間に存在していることだろう。

【中央区】——将来が不安な危険区域

パンク寸前で小学校増築中

そもそも、一般的な中央区のイメージとはどういうものだろうか？　移転問題で揺れる築地市場。日本随一のオシャレタウン・銀座を擁する観光地、あるいは商業地として見られているのか。はたまた、湾岸にそびえたつタワーマンションを中心とした最先端の人気住宅地なのか。その顔は多様である。多様であるがゆえに、千代田区のような共通認識的なプライドもなく、比較的雑多な人々が暮らしている土地といえるだろう。

そんな中央区は、タワーマンションなどの住宅の増加で、都心の中でも人口が急増している地域である。人口増にともなって、子どもの数もどんどん増加している。２０１５年に発表された「改訂中央区教育振興基本計画」によれば、

2005年に1万2772人だった14歳未満の人口は2014年に1万5625人に増加。2016年11月現在では、区の総人口は14万8849人だが、そのうち14歳未満は1万8948人、となっている。周辺の区を見てみると千代田区は2016年10月現在で総人口は5万6918人。うち、14歳未満は7295人。港区は2016年10月現在で総人口24万8585人。うち14歳未満は3万2057人である。14歳未満の人口を割合で見ると中央区12・7%、千代田区12・8%、港区12・9%となる。総務省の統計によれば2014年10月時点での日本全体の14歳未満の人口比率は、12・8%。東京都はこれよりも低く11・3%となっている。この統計では東京都は47都道府県中で14歳未満の人口が、もっとも少なかったのだが（最多の沖縄県は17・5%）、そんな状況の中でも、人口増を迎えているというわけである。「改訂中央区教育振興基本計画」の推計では、マンションの建設が続いていることから当面は転入が増加するとしており、2023年には中央区の人口は14万9200人。2018年までは区立幼稚園の園児数が増加、その後も2022年まで小学校、中学校の児童・生徒数が増加するとしている。中でも区立小学校の児童数は、2015

年には5467人だったものが71977人に増加するとしている。おおよそ2000人弱の増加が見込まれている。

日本も億単位の人口を抱えているわけだから、数字だけみると「2000人」は、そんなものかと思うのではないだろうか。だが、実際受け入れる学校にとってみれば、この数字はとてつもなく大きい。一クラス30人として70クラスあまりが増加することになるわけだ。現在、中央区の区立小学校は16校あるのだが、単純計算で一学年あたり4クラスを増加させねばならないことになる。そのままの数値だとして一つの小学校に単純に4クラス×6年分の教室を準備しなければならないというわけだ。すなわち、教室がパンクすることは必死である。

だが、中央区は無策ではなく、それに対応するための準備が着々と進んでいる。なぜなら、人口が急増して教室がパンクする現象は既に2000年代初頭から隣接する江東区で発生した現象だからである。そのため中央区では、日本橋小学校や豊海小学校などの人口増が見込まれている地域で、小学校の改修や増築に早くも着手している。そうした改築の中でも、もっとも注目したいのが城東小学校の改築である。この小学校、校舎があるのが八重洲二丁目。東京駅から徒歩5分という「こんなところに小学校が！」と驚く立地。それでも2016年5月現在で児童数が117人もいる。中央区では「特認校制度」という学校選択制度を小学校から実施している。千代田区の番町小学校と共に東京ローカルな超名門小学校として知られる銀座の泰明小学校はいざしらず、あえて、この学校に通わせたがる親などいるのだろうか……。ちなみに泰明小学校にしろ、番町小学校にせよ「名門」とはいわれるけれども、あくまで公立。常に優秀な教師が揃えられているわけではない（人事はブラックボックスだが様々な情報によれば都の担当者が、通勤時間2時間以内の中で各学校の校長が作成した人事評価を見て割り振られる。結論からいうと、この評価で「優秀」と書かれれば書かれるほど、荒れている学校に割り振られる）。この城東小学校だが、現在建て替えが予定されていて2021年をめどに超高層ビルの中に入居する小学校になる予定なのだとか。

子供の教育に問題な埋め立て地

さて、そんな中央区の中でも特に人口増が進んでいるのが月島・勝どき・晴海といった埋め立て地の部分である。この地域、銀座からも近い東京の中心地だというのに、郊外の雰囲気も漂う極めて特殊な地域である。月島というと、もんじゃ焼きが有名だし、隣接する佃は下町の雰囲気を残す地域だといわれているが、そんなのはあくまで限られた地域。町を占拠しているのはタワーマンションに住んでいるであろう、ちょっと金を持っている人々である。そんな彼らは歩いているだけでも、会話が違う。信号待ちで幼稚園児ぐらいの子供と母親の会話を聞いてしまったのだが……。

「○○クンは、大きくなったら、なんの仕事をするのかなあ?」

「うん、パパと一緒の電通～」

この地域は危険すぎると思った瞬間である。この地域、よくよく見ると人は住んでいるけれど文化の香りが希薄である。そうした高所得者層を相手にした、びっくりするような値段の飲食店は山の様にある。オフィスビルも多いので、そういう人々を対象にした店もある。ただ、有り体にいえば、高価格でテキトーなものを出す店がほとんど。かつては、港湾労働者向けの食堂なんかもあったような記憶があるのだが、タワマンの誕生と共に滅んだのか……。

極めつけの特徴は、ちょこちょこと雑誌を置いている個人商店的な店舗を除けば、本屋すら存在しない。唯一、晴海トリトンの中に大きめの書店が入居していたのだが、いつの間にかなくなってしまった。

つまり、住むだけなら申し分ないが文化的な生活を送ることができるかと思えば、そんなことはない。取材の際に見てしまった光景が、その思いを余計に強くした。それは、そこそこな値段のオシャレなエスニック料理店に入ってみた時のコト。となりのテーブルの家族連れはヴィトンのバックを持った妻と、会社帰りなのか仕立てのよい背広を着た夫。そして幼稚園児くらいの息子の3人。せっかくの家族の時間のはずが、夫はぐちぐちと妻と息子をなじり続けているのだ。「お前はいつもパパを嫌な気分にさせるんだ」と、延々30分以上！

昨年、佃島のタワーマンションでは、水の入ったペットボトルを地面めがけて投げ落とし続けた高校生が逮捕される事件が起こったわけだが、金はあるけど問題のある家庭もあるのだろうと考えさせてくれる光景であった。今後、ドロップアウトして子供が荒れる家庭も増えるかもしれない。

【港区】——格差の中の恐るべき格差

子どもすらブランドのイヤな世界

文京区に次いで私立中学校の受験率が40・8％と23区中第二位の港区。データは明らかにされていないが、それにともなって小学校のお受験率も高い。当たり前である。２０１３年時点のデータで、港区の平均年収は約９０２万円。第二位の千代田区の７８４万円と圧倒的な差をつけている。最下位の足立区３２４万円と比べると、23区の狭い地域でどれだけの格差が存在しているかが、一目瞭然である。

そんな格差社会の中で、人間はさらに格差をつくろうとする。小学校のお受験が当たり前になっているのは、まさにそれ。それぞれの家庭が、どれだけブランド力のある小学校に子どもを入学させたかを競い合っているのである。そのためか、港区の区立小学校には小学生だというのに、なにか闇を抱えた子どもの姿をちらほらと見ることができる。どういうことかといえば、小学校入学時点から挫折を味あわされたことで、心が歪んでしまっているのである。こういう家庭というのは、親は子どもをどこか「出来損ない」という目で見ているのであろうから、子どもとしてはたまったものじゃあない。でも、そんな子どもがごくごく当たり前に存在するのが、港区の偽らざる教育事情なのである。

　そんな港区だが、子育て事情において特異なのは不妊治療費助成金が年30万円、通算5年まで受けられるということ。つまり最大150万円。これは、第二位の世田谷区の最大100万円をはるかにしのぐ金額である。行政が、このような施策を実施できるのは、それだけの財政力もさることながら、それだけ子どもを求めている家庭が多いということである。高所得を得た夫婦にしてみれば、次に狙うのは日本のスタンダードな家族像である、子どもが二人くらいいる家庭。そして、その子どもには潤沢な教育を、惜しむことなく注ぐことができる形で周囲に経済力を見せつけることができるというわけだ。つまり、子どもすらも自己顕示欲を発露する材料となっているというのが、港区の教育事情の偽らざる実態といえるだろう。

港区にも下町は存在する

そんな住むだけでも品定めされそうな恐ろしさを放つ港区。その恐ろしさを体感したいならば、昼下がりの公園がもってこいだ。港区は23区の中でも公園が比較的充実した地域である。その中でも、見物にオススメのスポットが麻布十番の網代公園。何の変哲もない町の公園なのだが、昼下がりになるとママ友グループがお互いに牽制し合いながら固まっている！　元来、繁華街である麻布十番は店舗やオフィスの数も多いのだが、お互いに「自分のほうがヒエラルキーの上位」と牽制し合うママ友グループ。そこに休憩しているサラリーマンやら、店舗の従業員。近所で建設工事でも行われていれば、作業員までもが互いに一定の距離を保ちながら固まっているのである。あたかも、お互いが視界に入っていないかのように装いながら、である。23区のほかの地域でも、似たような光景をみることはできるが、港区ほど公園の殺伐感の高い地域は見当たらない。こんな環境が教育にもたらす影響は、いかほどのものであろうか。

そんなエリートを除けば教育環境としては、負の影響しかもたらさない港区。そんな地域にも庶民はちゃんと暮らしていることは指摘しておかねばならない。それが、白金の一丁目・三丁目・五丁目あたり。いわゆる四の橋という通称で呼ばれるあたり。首都高目黒線が上を走る川沿いの低地になる、このあたりは白金＝高級住宅地というイメージとはほど遠い、下町なのである。この地域と周囲の落差をもっとも感じることができるのは、五反田駅から六本木ヒルズに向かう都営バス。高輪や麻布十番を経由して六本木方面へと向かう、この路線。魚籃坂下を過ぎて、首都高と交差、並列になるあたりから急に、うらぶれた光景が目に入ってくるのである。その、通常イメージされている港区とは、ほど遠い光景は麻布十番の手前あたりまで続くことになる。この一帯、あたかも大田区を彷彿させるような町工場やら商店街やらが存在しており、ここが港区であることを忘れさせてくれる……。だが、そんな地域であっても港区！　おまけに地名は白金！　ゆえに近年はマンションの開発も進んでいる。もちろん、そうしたマンションは、そこがもともとは下町であることなど忘却してしまったかのような港区価格。ゆえに、流入してくるのは、冒頭に記したようなヤナ感じの高所得者層なのである。

国際教育もしてくれるよ！

取材すればするほどに、かりに住めるような所得になったとしても、住みたい気分にならない港区。自分たちが今いる地位から転落することもなく、子どももドロップアウトすることなく、日本社会でもっともスタンダードで順調な成長を果たすという絶対的な自信があるのならば、住んでいても安心なのかもしれない。ただ、子どもに金を幾ら注ぎ込めるかで教育格差が一目瞭然という事実に耐えられる図太い神経があれば、だが。

とにかく、小学校時点から私立優位というか、私立がスタンダードな港区だが、潤沢な財政を生かしてか区立小中学校の施設もちゃんと充実している。そんな港区では小学校から学校選択制を導入。その中でも人気の小学校は集中していて、2016年4月の入学分では、18の小学校のうち御成門、芝、御田、高輪台、白金の丘、本村、東町の7つの小学校では抽選が実施されている。これらの小学校に人気が集中する理由は、地域の名門か、それ以外に分類できる。

白金の丘小学校は、港区に二つある公立の小中一貫校として人気の小学校だ。もうひとつ、港区には港陽小学校という小中一貫校があるのだが、こちらは所在地が港区とはいっても、お台場。その不便さゆえにか、あまり人気が集まってはいないのである。

そして、港区ならではの特徴を誇るのが芝小学校と東町小学校である。この二つの小学校は、圧倒的に通学区域外からの希望者が多い。その理由は、伝統的に帰国子女や外国人児童を数多く受け入れてきたことにある。中でも、東町小学校は、事実上の公立のインターナショナルスクールとして機能しているほど。港区ではすべての小学校で国際科という授業枠を設けているのだが、東町小学校では、特に国際教育を重視。一学年70名程度の小規模校にも拘わらず、各学年外国籍児童の上限は10名なのだという。ブランド力やら親のプライドやらがごちゃまぜになった、港区の教育事情を如実に現している小学校だ。

【新宿区】──都心なのに教育は地方感覚

住宅街は意外に庶民的

新宿区は都心とみられながらも、極めて庶民的な地域である。公的な統計書などでは、千代田区・中央区・港区・文京区と同じ地域にカテゴライズされるが、庶民度はもっとも高い地域といえるだろう。なにせ、小学校の下校時刻になると「地域のみなさん、見守りをお願いします」とアナウンスが流れる。実際に、見守っている人がいるのかどうかわからないが、地域コミュニティを重視しているあたりに、庶民度の高さやローカルな雰囲気が感じられる。

そんな庶民度を如実に表すのが、私立中学校への進学率だ。都心のハイソな地域と見なされる千代田区・中央区・港区・文京区がいずれも4割近い私立中学校への進学率を誇るのに対して、新宿区だけは31・7％と格段に低い数値となっているのである。

新宿区が庶民的なのは、いわば当然。トップの港区の平均世帯年収902万円からは格段に低くて477万円なのである。これは、23区中第八位の数字で、第二位の千代田区784万円、第五位の文京区544万円に比べると、いかに庶民的な地域かがよくわかる。

実際、新宿区の地図を見ると一目瞭然だが、新宿駅を中心とした大都会はごくごく限られた地域に過ぎない。そもそも、再開発を行うような大規模な土地もなかったので、高所得者層が流入するようなマンションのようなものが建築される機会も乏しかったというわけである。確かに、ここ20年くらいで、神楽坂あたりにはマンションが増えたような気もするが、多くが中クラスの金持ちではなく、本当に財産を持っているような人々を対象にした低層の超高級マンション。それが、新住民の流入を防いできたというわけである。

公立優位で教育水準は横並び

そんな新宿区の教育事情を明らかにするのが、小学校の抽選結果である。新宿区でも公立小学校の学校選択制が導入されているのだが、その中でも人気のあるなしは分かれる。２０１６年４月の入学希望で抽選が行われたのは、29の小学校のうち9校、津久戸小学校・愛日小学校・牛込仲之小学校・余丁町小学校・四谷第六小学校・戸山小学校・戸塚第一小学校・落合第四小学校・柏木小学校である。

新宿区での教育事情を見ると、小学校は公立。中学校は子どものデキ次第で私立も選択肢に含めるというのが一般的である。そこで親の視点は、公立小学校の中でどれを選ぶか。それも、徒歩圏内に通える学校でもっともよい小学校は、どれかということになる。つまり、9校が希望者多数で抽選を実施している背景には、徒歩圏内にある小学校の中で、ここが一番マシということで選ばれているというわけだ。例えば落合には落合第一から落合第六まで小学校があるのだが、このうち第四小学校だけが希望者多数で抽選実施となっている。

もっと露骨なのは、津久戸小学校は受け入れ可能数70人に対して、通学区域内の児童数69人、区域外からの志望者数23人のため抽選を実施。これに対して、通学区域が隣接する江戸川小学校は受け入れ可能数70人に対して、区域内の児童数48人。うち、他校への選択希望者数22人となっている。隣接区域なのに、片方は抽選を実施、片方は学区内の入学予定者のうち半数あまりが、もっとも近い小学校にも拘わらず入学を拒んでいる……いったい、江戸川小学校はどんな状況が起きているのか。通学区域内の児童数58人に対して34人が他校を希望している大久保小学校も同じく気になるところだ。

そうした公立優位で学校選択制が導入されているため、まずは親が学校見学会に参加して、様子を吟味するのが新宿区では当たり前だ。だが、よりよい小学校を選ぶとはいえ、半ば諦めムードもある。というのも、あくまで公立である以上、人事異動によって去年と今年では学校の雰囲気がガラリと変わっていることも珍しくないからだ。

一般的に公立の小中学校の色は、管理者である校長や教頭の色に左右される。ここは、一般の企業と同じで管理者の采配がダメだと学校の雰囲気自体が悪くなる。また、優秀な教師であれば、人事異動でより荒れている学校へ送り込まれる。逆に落ち着いているとされる学校にやってくるのは、それなりの教師なのである。公立の学校での人事異動というのは、結構な無茶も行われるもので、時には教員の半数くらいが、ごっそりと入れ替わることもある。さらに、初任者が大量に配置される場合も。

そのためか、実際に学校見学会に参加した親の話を聞いてみても「どこの小学校であっても、ひとつくらいは学級崩壊しているクラスがある」というのが、新宿区の実情だ。都心でありながら、公立優位のどこか地方的な感覚が身についているというのが、新宿の教育事情といえるだろう。中学受験もクラスの頭のよいヤツらが一部だけ。だいたい本気を出すのは、高校受験のあたりからなのである。

不良は杉並区に転校させられる

そんな新宿では問題児は区外の中学校へ転校させるという施策も行われているという噂も。中野区や杉並区の住民に話を聞くと、ある世代では「新宿からスゴいヤツが転校をしてきた」という話を数多く聞くのである。さらに、杉並区民からも「問題児は新宿区の中学校に転校させられていた」という話も聞く。どうも、これらの区では、お互いに手に負えない子どもを放りだして、地域の平和を守る施策が当たり前に行われてきたようだ。もっとも、それが学校ぐるみで行われてきたか否かは定かではない。ただ、いずれの学校でも転校させられた不良は転校先では大人しくしていたというから、効果的な施策であったことだけは、間違いないだろう。

ともあれ、新宿が教育において優れている点があるとすれば、子育て支援が充実していることである。新宿区では年間30世帯に限定して、義務教育修了前の子を扶養する世帯として転入する場合に、契約時の礼金・仲介手数料の合計で最大36万円、あるいは引越し代の実費で、最大20万円が支払われる。さらに住んでいるだけで、月額3万円が最長5年間支払われる制度もある。こちらも、とんでもないバラマキだが50世帯限定なので、毎年抽選が行われる事態になっているのだとか。また、子どもの医療費が15歳まで無料という利点もある。

家賃は都心並みというデメリットがあるにせよ、さほど教育をめぐる闘争を親が繰り広げなくてよいのが新宿区。親同士のプライドを戦わせるという無駄なストレスを避けたいならば、もっとも適した地域かも。

【文京区】——お受験で殺人も起こる劣等感の街

東大周辺は環境が悪い？

さて、文京区である。ここに生まれて育つ子どもたちは常に劣等感に晒されている。とりわけ、本郷・春日・湯島・根津あたりの子どもたちは、そうだろう。なにせ、すぐ近所に天下の東京大学があるのだから。東京大学の周りはぐるりと住宅地。特に裏口にあたる根津のあたりは、庶民的な雰囲気の街である。でも、ここに暮らしている子どもたちは、親に罪のない言葉で「お前は、東大に入れるほど賢くないからな〜」とか言われて傷ついているんだろう。そう思うと、決して住んではいけないだろう。そうしたコンプレックスと無縁なのは白山・本駒込・千石あたりであろう。こちらは、東大ではなく東洋大学の本拠地。朝晩、警備員が出て交通整理をするほど、わんさかと道路に溢れている学生たちの姿は「この程度ならなれるんじゃないか」感が満載なのである。

ともあれ、文京区は名前からして教育レベルが高そうである。なにせ、東大に東洋大だけではなく、お茶の水女子大もある。中央大学の理工学部もある。ほかにも、様々な大学があるが、とりわけ誰でも名前を知っているような大学が、狭い地域に集中している。すなわち、劣等感の是非は別にして、子どもに小さい時から勉強をさせなくてはならない、しなくてはならないという「常識」を植え付けるのに適した環境なのだ。

さらに、音羽あたりは究極のお受験に熱心な地域として知られている。ここは、お茶の水女子大、筑波大、東京学芸大と国立大学の付属小学校が三校。さらに、お茶の水女子大と東京学芸大学は付属の幼稚園もある。これらの学校は、国立なので私立と異なり高額な学費を支払うこともなく、レベルが高い授業を受けることができるのがメリット。ただし、通学圏に制限がかかる。小学校以上は、23区・西東京市・埼玉県の一部に在住や通学に60分圏内など制限は広いが、幼稚園の場合は、ほぼ文京区に住んでいないと受験すら不可能。

平成26年度「子どもの学習費調査」の結果によると、幼稚園3歳から高校まで15年間をすべて私立に通った場合の教育費は約1770万円で、すべて公立に通った場合の約523万円と比べると約3・4倍かかることになる。とはいえ、文京区民の場合は「お金がないけど、高いレベルの教育を受けさせたい」と考えているわけではない。むしろ、教育資金は潤沢だけど私立にエスカレーター式で進学させる＝大学まで進むことのできる保険を買うよりも、将来的には東大クラスに進学させる学力をつけさせたいと志向しているのだ。そのためか、音羽あたりの住人は空気感が違う。なにしろ、表面上は仲良くしながらも、腹の底はお互いの子どもをライバルと見なして品定めしあっているのだから。

1999年に文京区音羽幼稚園で、園児が同級生の母親に殺害されて遺体を埋められる事件が発生している。この事件でも直接の動機は、子どもの劣等感に苛まれていた犯人の母親が、お茶ノ水女子大付属の幼稚園の受験に自分の娘が落ち、殺された子どもが合格したことだったとされる。国立大の付属校は、いずれもテストとは別に抽選を導入している。にも拘わらず、受かった子どもには優越感、落ちた子どもには劣等感を植え付ける。常に勝ち組にならなくてはいけないストレスに苛まれるのが文京区の教育実態といえるだろう。

名門「3S1K」

やたら教育熱心な文京区。小学校時点で国立志望者が優位という事情もあってか、その受け皿ともいえる小学校にも名門校が。地域では「3S1K」といわれる誠之小・千駄木小・昭和小・窪町小と呼ばれる4つの小学校のことである。この小学校のブランド力は極めて高い。とりわけ、誠之小学校のブランド力は強烈で、周囲の不動産屋を見るとファミリー向けの物件では「誠之小学校学区域」と銘打っている場合がある。文京区では小学校には学校選択制が導入されていないので、入学するには学区内に引っ越さなくてはならない。そのため文京区はもとより、23区内外の各地から小学校受験に破れた一家が続々と引っ越してくる地域なのである。この学校の所在地は西片2丁目。学区域全体に及んで、かつてのお屋敷町や昔ながらの住宅が広がる地域で物件数は少ない。それでも、中学校受験の際に開成や麻布に多数の合格者を出すブランド力にすがって、引っ越してくる家族は多いのだという。

とはいえ、果たしてブランド力は本物なのか疑問に思うだろう。なにしろ、いくら名門とはいっても公立の小学校に過ぎないのだから。誠之小学校をはじめ「3S1K」の名門校は、そうした家族が多いことを踏まえて特異な学校運営になっているという。というのも、小学校高学年になると宿題の量が極めて少なくなるらしい。というのも、ほとんどの親は小学校の勉強になにも期待はしていない。アリバイ的に小学校には通わせるけれども、勉強は塾でやらせるから邪魔をしないでくれというわけだ。

モンスターペアレントも発生しがちな名門

そうした実情を如実に現すのが、文京区の公立中学以外への進学率。実に東京23区トップの45・4%となっている。ただ、これはあくまで実際に合格して、進学を決めた生徒の人数である。実際に中学受験する人数は、これよりも多くてクラスで6~7割程度は中学校受験をしている。そのため、受験時期になるとたびたび小学校を休むことになるのだが、クラスの子どもの休みが続いても特段、担任が気にしたりもしないというのである。そもそも、あくまで公立小学校なので、授業は下のレベルに合わせて行うのが当たり前。そのため、小学校受験失敗組や、中学受験志望者にとっては物足りない内容。そのため、まともに授業を聞く気もなく、崩壊しているクラスも発生しがちなのである。

そして、小学校の卒業式になると志望校に合格した家庭では、子どもに中学校の制服を着せて出席するのだという。まさに親の努力が報われた瞬間！　とても陰惨な光景だというのは、本人たち以外には、まったくわからないだろう。

なにより、そうした教育熱心な親が多いために、一見物わかりがよさそうに見えて無体な要求をしてくるモンスターペアレントも発生しがちだ。前述の、宿題が少なくなる件も、かつて「塾の邪魔だから夏休みの宿題を廃止しろ」という親が現れたからだと、まことしやかに伝えられている。

それでも、交通の便や文化レベルの高さという点で文京区は家賃が高くとも住みやすい地域であることは確かだ。文京区で教育を受けさせるのであれば、そうした利点を確保しつつ文京区の教育ストレスが薄い地域を選ぶのがよいだろう。誠之小学校の隣接学区である指ヶ谷小学校や柳町小学校あたりの地域は、白山通りを一本隔てただけなのに、えらく庶民的な空気が漂う。それぞれ殺人事件すら発生する教育ストレスのかかる地域だということを忘れてはならない。

【台東区】——公立優位も決め手に欠ける学校選び

名門＝歴史が古い

日本を代表する下町の繁華街・浅草を抱える台東区。隣の文京区に比べると、グッと公立以外の中学校への進学率が低くなる。2016年度で、その率は27・2％。隣の文京区が45・4％だから、隣の区なのにここまで違うのかと、驚いてしまう数値だ。この数値の示すところは公立が優位ということ。台東区では学校選択制は中学校からのため、小学校は基本的に決められている。それでも、地域住民の中には、住所を変更して区内でも名門と呼ばれる小学校へ、子どもを越境入学させている家庭は多い。一応、越境入学というのは、相当やむを得ない事情がある場合に限られているはずだが、台東区ではそのハードルは、さほど厳しくない。地元に縁の深い住民であれば、学区内の知人宅に住所を置かせてもらうという方法がもっとも簡単。さらに、幼稚園レベルでは様々な越境の方法が情報交換されているのである。両親が共働きのため、通勤途上の小学校のほうが利便性が高いなどの理由でも許可がでるとの話もある。本当に成功したかは不明だが……。

台東区で古くから名門とされているのは、黒門小学校と根岸小学校。黒門小学校は上野のほぼ全域を学区とする小学校で、いまだに校舎が戦前の復興校舎を用いていることで知られる小学校だ。この小学校、確かに住所は台東区上野一丁目なのだが、所在地は東京メトロ千代田線湯島駅と銀座線上野広小路駅の中間あたり。あまり周囲の雰囲気は台東区っぽくはない。むしろ、そこはかとなく文京区の雰囲気すら感じさせる。そうした雰囲気ゆえに通わせたくなるのは当然といえば、当然かもしれない。

もう一つの根岸小学校は、地元を知らない人ならばギョッとしそう。というのも地図で見ると最寄り駅は、鶯谷駅なのである。それも北口のほう。鶯谷駅北口といえば、東京でも有数のラブホテル街ではあるまいか。だが、これが鶯谷という土地の不思議なところで、ラブホテル街のある一角を除くと、古くからの住宅地が広がっているのである。……まったく余談だが、以前風俗店の取材に鶯谷を訪れたことがあるが、電話で案内された先にあった店というのが、昭和感たっぷりの和風の民家だった記憶がある。なにより、鶯谷というのはラブホテルが連なる風俗街のイメージが強いが、もともとは寛永寺へと連なる寺町の一角で、古くから閑静な住宅街が広がっていた地域なのである。この根岸小学校も明治４（１８７１）年創立という23区でも最古級の歴史を持つ名門校なのだ。

ただ、この二校は名門といわれながらも、結局は公立小学校。実のところ、区内のほかの小学校に比べて大差ないと、どこの親も考えている様子。どちらかというと「ここの学校に入れたい！」というよりは「もし、学区域のほかによい小学校があるなら……」程度の意識なのである。そこで重視されるのは、子どもにどれだけ手厚い教育をして貰えるかだ。これも、なにをもって手厚いとするかは人それぞれだが、ある親は「この年度は、入学者数が少なく一学年1クラスだったために決めた」という。そちらのほうが、手厚く面倒を見て貰えるからというわけだ。逆に「学区域の小学校が一学年1クラスになりそうなので、越境をすることにした」という親もいる。こちらは、1クラスの場合だと、友だち関係でつまずいた時にクラス替えなどで対応してもらうことが難しいと考えて、決めている。すなわち、台東区の場合は学校選びにも明確なビジョンが希薄というのが特徴だ。小学校のうちから、あまり本気を出す必要はないというのが、台東区の教育に対する平均的な意識と考えてよいだろう。

定員過多にはワケがある

では、中学校からは本気を出すのか？　これは、正直なところ「そこそこ」という雰囲気だ。まず、私立中学への進学と共に台東区で人気なのは、浅草にある東京都立白鴎高等学校・附属中学校。これは2005年に新設された都立の中高一貫校である。台東区の教育に対する意識の高い家庭では、子どもが優秀ならば……と選択肢に入れることが多いようだ。では、それ以外の区立中学校は、どうかというと特定の中学校に選択制によって、希望者が集中している。2016年度入学でもっとも人気だったのは御徒町台東中学校だ。この中学校の入学可能者数、148人に対して台東区の通学区域外からの希望者が166

人。これに学区域内の希望者を合わせて入学希望として選んだ人数は261人と100人超の定員過多になっている。逆に柏葉中学校は入学可能者数261人に対して、選択者数195人、駒形中学校は148人に対して70人など定員割れを起こしている中学校もある。

ところが、台東区では定員過多の中学校もすべて選択者全員の入学を認めることを決定している。まず、学校の魅力よりも気になるのはこの事実。148人を予定していたところに261人。つまり4クラス分あまりも生徒が増えても受け入れ可能とは、どういうことなのか。そこで御徒町台東中学校のサイトを見てみると、2016年4月現在の一年生の数は158人……あれ？

選択者数から100人以上減っている理由は、選択時点では転出や国立・都立・私立中学校等への受験・入学予定者も含んでいるためだ。つまり、定員過多の中学校は、国立や都立、私立に受験したはよいけれど不合格だった場合の受け皿として機能している中学校というわけである。つまり、優秀な生徒が集まっている中学校というわけだ。選択希望の時点で区内の通学区域外からの希望者の多い、御徒町台東中学校と忍岡中学校は、特に優秀な生徒が集まっている中学校とみてよいだろう。

だが、この二つの中学校を除けば、どこも、そんなに違いがあるのかは疑問。通学区域外からの希望者数は、ワーストの桜橋中学校がわずか13人なのを除けば、次点の上野中学校が22人、浅草中学校が36人、駒形中学校が41人という状況だ。つまり、一部の中学校を除けば、どこもけっこうな数の通学区域外からの希望者を抱えている様子である。ここでもまた、台東区の人々が重視しているのは学校見学会だ。そこで学校の様子を見た上で中学校を決めているようだが、やっぱり決め手には欠けている。小学校と同じく、来年も同じ雰囲気だという確証が持てないからである。結局は、口コミなどで得た印象で決めているというわけだ。

このように台東区の教育事情は公立優位かつ、どこの小中学校も平均化されている傾向が強いということにある。中学受験をする一部の層を除けば、受験は高校からのものと考えているといえるだろう。そのため、あまり熱心に勉強に励むという雰囲気ではない。もしも、台東区に住んで小学校時点からの受験を考えるならば、よほど家庭が意識的でなければならないだろう。

【墨田区】——行政の力で学力が低下する

選択制導入でも関心は低め

近年、東京スカイツリーのお膝元として脚光を浴びつつある墨田区。スカイツリー周辺は、下町の雰囲気を残しつつも近代的な都市へと変貌を遂げている。大規模な再開発が行われた曳舟では、タワーマンションも出現し都心に近い新たなベッドタウンとして脚光をあびつつある。もともと、錦糸町という東京23区東部の一大繁華街が栄えてきた墨田区は、新たな発展段階へと突入している。

そんな墨田区では、小学校から学校選択制を導入している。ただし、この選択制度は2017年度から大幅な変更が始まることが決まっている。これまでは、通常の学校選択制と同じく区内のどこでも選択可能で、希望者多数の場合には抽選を実施する形であった。それが２０１７年度からは居住地の学区域に隣接する小学校に限るということに変更されるのである。その理由として墨田区では、災害時などの児童の安全・安心の確保。地域や保護者と学校の連携強化の必要性を掲げている。

これは様々な資料などでも指摘されていることだが、墨田区は災害、特に地震と水害には極めて脆弱な土地である。東京都都市整備局がまとめた２０１３年の「地震に関する地域危険度測定調査（第７回）」では、建物倒壊危険度と火災危険度を合わせた総合危険度でランクが３以上、すなわち相当危険な地域が広がっていることが明らかにされている。錦糸町周辺の僅かな部分を除けば、地震が発生した際に区内全域にわたって混乱が引き起こされるのが確実なのである。そうした事態を避けるためにも、なるべく居住地から近い小学校に通っていることが望ましいということになったのである。

このような施策に区民から反対意見は寄せられなかったのだろうか。

実は、選択の幅が制限されても区民にはあまり影響がないのである。墨田区教育委員会では２０１３年に「学校選択制度のアンケート調査結果について」という資料を発表している。ここでは学校選択制を利用して通学区域外の学校に通っている数が２００８年度調査で小学校が25・５％、中学校が41％。２０１３年調査で小学校23・１％、中学校43・７％としている。そして２０１３年調査では、区域外の学校のうち隣接する学区の学校を選んだ数が小学校では87・４％、中学校で80・１％だったとしている。さらに小学校１年生の保護者に対するアンケートで、現在通っている学校を選んだ理由を聞いた設問では、もっとも多い回答が「場所が近いから」。ついで「兄弟が通っているから」「友達が通うから」「地域との関わりを大切にしたいから」と続いている。さらに、墨田区では、学校を選んだ理由も聞いていて、２００８年から２０１３年まで変わらず「友人・知人から話を聞いて」が最多となっている。

このアンケートから見えてくるのは、墨田区では小学校の選択は、近隣の評判を聞いた上で、無理なく通える範囲の小学校を選ぶのが大多数であることがわかる。また、８割近くの家庭では学校選択制を利用せずに居住地の学区域を選んでいる。評判が良くても悪くても公立である以上は大差ないという意識が浸透しているようだ。

同様の設問で中学生1年生を対象にしたものでは、少し違いが出る。現在通っている学校を選んだ理由として、トップに挙げられるのは小学校一年生と変わらず「場所が近いから」である。だが、第二位に「子どもが強く希望したから」、第三位に「子どもの友達が通うから」が挙げられているところを見ると、子ども同士で、どこの中学校に通うかが話合われて、それが反映されていることが見て取れる。

そんな学校選択制だが、「今後の継続については現行のままでよい」「一部を見直して継続」が合わせて65%、これに対して13%は「やめたほうがよい」と回答している。自由記入欄のコメントでは、「一部を見直して継続」の欄で「小学校では地域につながりのある学校のみ選択」にするべきという意見が多数あるが、「やめたほうがよい」という意見でも「地域とのつながりが希薄になる」ことを問題視する意見が多数ある。このやたらと地域のつながりを重視する傾向が、やはり下町ならではの特徴であろう。地域コミュニティを重視する傾向の強い地域では、当然ながら小中学校におけるPTA活動も盛んなものになる。この地域に居住して、子どもを公立学校に通わせた場合には、必ず煩わしいほどのPTA活動をはじめとする保護者の負担が増えることは確実だ。共働き世帯の場合には、相当苦しいことになるだろう。

また、「やめたほうがよい」とする意見では「児童数が多い方がよい学校というイメージがいや」「義務教育に特色や個性はあまり必要ない」という率直な意見も寄せられている。いくら自由度が広がっても、余計な負担が強いられると考えている人々も多いようだ。

確かに、いくら学校選択制で、区内のどこの学校を選んでもよいとしたとしても、墨田区は意外に広い。おまけに縦横無尽に鉄道が走っているように見えるけれども、意外に南北の移動は不便である。2017年度から小学校は隣接する学区の学校に限定とした背景には、子どもに負担がかかるし、そんなに遠くまで通わせている親は少ないという実態があるのだ。

学力向上施策が大失敗

また、墨田区においては、住民の教育に対する熱が低いという側面も。それを明確に示しているのが、2016年度の公立以外の中学校への進学率だ。その数値は15・7%。なにより学力も高くはない。最新の「平成28年度墨田区学習状況調査の結果概要」によれば、墨田区では2013年度から3年間にわたり「墨田区学力向上3か年計画」を実施。これは、「墨田区学習状況調査」における区平均正答率について、全国平均値同等以上を目指すことを目的に行われたものだ。

これに基づいて墨田区では小中学校で授業内容の改善を行ったが、2015年まで3年間の結果が酷い。小中学校それぞれでD・E層（5段階評価における下位層）という、学力の目標値に対して課題のある児童・生徒の割合が40%を超える教科が増加している。資料では「改善しているとは言い難い状況である」と記しており、3年の施策は大失敗に終わった。

足立区をはじめ23区で学力が低いとされた地域では、それぞれに施策を行い次第に改善されているというイメージが先行してきた。だが、墨田区では大失敗と見るのが正しいようだ。しかし、その理由を区は資料では明らかにしておらず、新たな施策を実施する旨だけが記されている。ここで子どもを育てるのは、相当大変そうだ。

【江東区】——人口急増で学校は破綻寸前

マンション建設ラッシュで住民急増

２０００年代初頭からのマンション建設ラッシュによって人口が急激に増加した江東区。区の人口統計によれば、１９７５年には35万４３７人だった人口は少子化の流れに逆行する形で急増。２０１６年１月時点でついに50万１５０１人に達した。

マンションの建設ラッシュとなった江東区の湾岸地域は、元来造船所や工場が建ち並ぶ工業地帯であった。産業構造の変化によって、これらの工場が移転した跡地に次々とマンションや商業施設が建設されるようになっていった。江東区の湾岸地域は、周辺の千代田区や港区に比べるとマンションの価格は三割程度安い。これに加えて、建設されたマンションの多くでは駐車場設備も整えられていた。すなわち、23区内でありながら、比較的安価に駐車場つきのマンションに住むことができるという魅力的な土地になったのである。加えて2006年に豊洲に「アーバンドック　ららぽーと豊洲」がオープンしたことで、人気はさらに高まったというわけだ。だが、そうした動きとは別に江東区の湾岸地域に多数建設されていた都営住宅は、そのまま残された。こうして、江東区では狭いエリアの中で建物ごとに様々な所得階層の住人が入り交じるという特異な地域となったのである。

学校ごとに社会階層も分類

少子高齢化の流れの中で人口増は、喜ばしいこと……ではなかった。マンションの建設によって転入者が増加したことで、瞬く間に小中学校の教室が足りなくなったのである。これを受けて江東区では2003年から2007年まで「受入困難地区指定制度」を定めて、条例でマンションの建設を抑制した。それでも、条例の期限が過ぎると再びマンション建設は再開され、人口増は止まるところを知らない。江東区の試算では2019年には人口は52万人になるとされている。2016年5月現在で、最大規模の豊洲北小学校は全校児童数1052人となっている。湾岸エリアの人気スポットである豊洲は特に人口が急増している地域だが、同じく豊洲地域に存在する豊洲小学校は982人。豊洲では、もはやパンクは秒読みとなったため、2015年に新たに豊洲西小学校を新設している。

さらに海沿いの有明・東雲地域では既存の東雲小学校（同760人）では対応ができないと考えられたために、2011年に有明小学校（同711人）を新設して分離した。だが、これでもなお人口増は続いているため2018年に第二有明小学校の開校が予定されている。

湾岸地域のみならず、人口増が波及しているのか現在45校ある江東区の小学校は、どこも多くの人数を抱えている。もっとも人数の少ない東砂小学校でも児童数は219人となっている。けっこうな規模の小学校である。

毎年児童を押し込むだけで必死なはずなのに、小学校時点から学校選択制は実施されている。これは、区民とりわけ新たに転入してきた住民からの要望の存在が窺える。その理由は、タワーマンションが乱立する湾岸地帯を歩いてみれば一目瞭然だ。もともと工業地帯だったため、高級感あふれるタワーマンションがあるかと思えば、その隣が昭和感溢れるプロレタリアートな地域だったりする。ハイソなタワーマンションの住民は、プロレタリアートな家庭の子どもたちと同じ小学校、中学校へ子どもが通学することを恐れて、近隣の別の小学校を選ぼうとするのである。

ならば、小学校受験・中学校受験で、別階層の人々との関係性を断つこともできるのではないかと思うだろうが、江東区では、それは至難の業だ。なにしろ、都心に向かっての交通の便は優れているとは言い難い。そのため、越境などの手段を用いて遠距離通学させることも、著しく困難なのだ。それに、かつての工場跡地に建設されるタワーマンション住民向けとしか思えない新設校は、総じて、やたらと豪華な建築物である。同一階層の子どもしか通学していない安心感があるのならば、あえて子どもを越境させる必要もない。そのためか、公立以外の中学校への進学率も23・6％と決して高くはない。こうして、それぞれの小学校がまったく別世界という風景が広がっているのだ……。

江東区の学校は崩壊済み？

こうして、仕方ないからなんとなく公立の小中学校に通うというのが当たり前の江東区。児童・生徒の数の多さゆえに、当然教育は大ざっぱである。取材の中では「どこの学校でも複数のクラスが学級崩壊している」という話も。これは、東京都に限らず全都的な現象であるが、団塊世代の教員の大量退職を前に採用数を絞った影響で、ノウハウも継承されず経験不足なまま現場に配置される若手教員の数は増えている。そのために、学級経営が破綻→鬱→退職というのは、現在の小中学校では、当たり前のように起こっている出来事だ。そんな教員の穴を埋めるために、非常勤講師の募集が行われるのだが、今や東京都では教員免許を持っていれば、誰でも合格することができるといわれている。結果、さらに教員の児童・生徒に対する指導の水準は下がっていく……。

江東区の場合、各学校の規模が大きいために、そのような事態が発生する確率は高くなっているようだ。今回の取材の中では学級崩壊が起こりがちという指摘のみならず「とても向いているとは思えない人間が先生をやっている……」というような声も多数聞くことができた。そもそも東京都の資料では、毎年、どのくらいの教員が退職しているのかなどの詳細なデータを公開していない。そのため実態は明らかではない。とはいえ、江東区では人口増にともなって、ただならぬことが起きているのは確からしい。

このように、江東区でもマンションの建設によって人口の増えた湾岸部は、決して良好な教育環境が整っている地域とは言い難い。学校教育以外の部分でも問題はある。生活圏の狭さがそれだ。都心に出かけることを除けば、買い物スポットは東雲のイオン、木場のイトーヨーカ堂、豊洲のアーバンドックらら ぽーと豊洲あたり。やたらと、近所の人と顔を合わせる機会も多くて、ストレスがたまること間違いなしである。おまけに、同一の生活レベルの人ばかりということは、マンションの上の階か下の階かなど、どうでもよいことで見栄を張り合う、嫌な毎日が続くことになりそうだ。

むしろ江東区で暮らすならば、そうした新住民の少ない地域コミュニティの充実した地域がベストであろう。門前仲町をはじめ、森下あたりはオススメスポットといえる。だが、こうした地域にも魔の手が……。最近、やたらと人気スポットになっている大島なんて将来の教育には有害かもしれない。

【品川区】——ブラック企業の育成工場

品川区への異動＝死

品川区の公立小中学校は、23区でもっとも悪名が高い。品川区に異動となった教員は「品流し」と呼ばれ、もはや人生が詰んだことを覚悟するしかないのだ。異議を唱えようものなら、懲罰的に辞表を書くまで品川区内を毎年異動させられる「品巡り」に放り込まれるという。その悪名が轟いた現在、品川区に異動になるなら退職するという教員も出てくる状況だ。それに対応するため、品川区固有教員採用試験なるものまで行われているのである。

特殊すぎる品川の教育システム

そうした悪夢のような状況はともかく、まずは品川区における公立小中学校の特殊な教育システムを解説していこう。

この発端となったのが、1999年に決定された品川区独自の教育改革「プラン21」である。これを受けて2003年に品川区は国から構造改革特区の認定を受けて、教育課程の弾力化が可能になった。すなわち「既成の概念にとらわれない教育」の推進が可能になったのである。そのための最大の改革が2006年から始まった全小中学校での小中一貫教育である。この教育は、建物の都合で施設一体型一貫校と、施設分離型連携校の二つが存在しているが、現状施設一体型一貫校の拡充に力が入れられており、現在6つの一貫校が開校している。一貫校とはいうが、法律上は小学校と中学校が併存しているものの、教員は管理職を含めて小中学校を兼務する形である。品川区では、これを「小学校でも中学校でもない一貫校」として、1年生から9年生までを1〜4年、5〜7年、8〜9年の4・3・2年に分けた独自の学制を実施している。

この制度の中で、教科でも品川区独自のものがある。その代表例が「市民科」である。これは、従来の総合学習や道徳の授業を統合したものということになっているが、かなり特殊である。例えば5年生で行う「スチューデント・シティ」

では、現実の店舗を再現した施設で運営や販売、営業などを体験し経済や金融の知識を学ばせる。さらに、子どもたちに社内会議を開かせたり、ローンの申請を体験する授業も行われるという。学年が上がるにつれて、この教育内容がより専門的になっていくというわけである。肯定的な視点から見れば、小学生レベルから社会の仕組みを知ることができる。一方、否定的な視点では、将来の役立つ「社畜」の精神を小学生レベルから植え付けようとしているとしか思えない。さらに「英語科」の授業も1年生から実施されていることも、品川区では独自の教育として盛んにアピールしている点だ。

さらに従来の児童センター（児童館）は廃止され、学校ごとに校名を冠した「すまいるスクール」が設置されている。これは、空き教室を利用した学童保育施設。利用する子どもは、授業の終了後、そのまま「すまいるスクール」に向かう形を取り、専属の教員が配置されている。

そして、そのような独自性の高い品川区の学校は、すべて学校選択制を導入している。各小学校ではホームページに毎年の学力定着度調査の結果と、外部評価の結果を公開しており、学校を選ぶ際の参考にすることができるというわけである。

ここは連合赤軍か?

非常に先進的な雰囲気のある品川区の教育だが、それがなぜ恐ろしい存在になっているのか。それは、学校選択制の存在にある。本来の理想が、どのようなものであったかは別として、これは学校ごとに競争しあうことを強要するシステムとなっている。それぞれの学校が、いかに成績の優秀な子どもが揃っているか、独自性があるかなどをアピールして、生徒を確保しなくては無能扱いされるというわけである。ほぼ、品川区という狭い地域の中で、お互いの学校につぶし合いをさせているようなものである。とりわけ、各学校が公開している第三者評価というのは、悪名が高い。これは、基礎学力の定着や、保護者・地域との連携などのテーマで「学校は、保護者・地域の力を十分に生かして教育を進めている」「常に、校舎内外の整理整頓、清掃、美化に取り組む」などの項目について、自己評価と外部評価委員の評価を掲載。さらに外部の評価に対する校長の態度表明までを記すというもの。これを「外部評価」というと、新しいことをやっているように見えるけれども、連合赤軍でおなじみの自己批判といったほうがよさそうなシロモノだ。なにしろ評価の意味がよくわからない。例えば、2015年度の城南小学校の評価を見ると「常に、校舎内外の整理整頓、清掃、美化に取り組む」で、自己評価欄では「収納場所が少ないので、どうしても物が出てしまった」とコメントしているのに対して外部評価委員の「自己評価についてのコメント」欄には「もっと緑を増やしたい」「自分たちの生活の場であるという意識が大切である」とある。これは、よほど意思の疎通が取れない人同士か、違う言語の人が会話しているのであろうか……？　ちなみに、この外部評価委員というのは、町内会のオッサンなどが担当している様子。すなわち、素人がテキトーなコメントをしているに等しいだろう。これを判断材料にして学校を選択しろというのは、かなりの無理難題のような気も。

そして、同様に公開されている、毎年の学力定着度調査の結果は、現場の教員に負担を強いるものになっている。なにしろ学力向上のために、授業以外に朝学習や昼学習という時間も設定。さらに補習授業まで実施している学校が多いのだ。これに加えて、掃除の後には5時間目が始まるまで強制的に読書タイムも実施。ここに加えて、学力向上のための施策の定番である習熟度別授業も増加している。習熟度別授業は効果があるのかもしれないが、それを主軸としたために担任の目はクラス全体に届きにくくなる。また、授業の準備が煩雑になり、当然残業も増えていくのだ……。

それだけではなく、学校の設備を整えるためのベルマーク活動や、アピールするためのホームページに広報誌作成のために「地域との連携を旗印に」保護者にも負担を強いている学校が、当たり前のように存在するという。

中には、とんでもない学校も存在する。山中小学校のサイトに掲載されている校長の挨拶には「1～4年生も巻き込んだ『山中会社』（事業部制）の活動を進めていきます」と記されている。長々と書かれた文章を読むと、どうもこの学校では児童・生徒を社員と見立てた教育が行われている様子。「山中スタンダード」など特殊な用語も登場し、どこかブラック企業の香りを漂わせているることは否めない。そんな品川区の教育だが、圧倒的に支持する保護者も多数存在するというから、一概に否定はできないのかもしれない。

【目黒区】——庶民を名乗るブルジョアの住まう街

優秀だけど住むには金がかかる

目黒区でもっとも有名な学校といえば、日出高校。以前は、日出女子学園高校という名前だったが、現在は共学になって名称を変更。山口百恵や原田知世、新垣結衣や剛力彩芽など女性アイドルやタレントが通っている高校として、巷では有名。ただ、浮ついたイメージとは裏腹に、通信制のNHK学園までが入学を拒否した某宗教団体元代表の子どもの入学を受け入れたこともあり、存外に懐の深い学校のようである。

そして、古くからネタにされる学芸大学と都立大学。どちらも駅名はあるというのに、大学は既に移転して存在しない。かつては、両方とも付属高校だけは残っていたのだけれども、都立大附属高校は2010年をもって閉校。現在は、中高一貫の桜修館中等教育学校へと変わっている。

そんな目黒区の教育事情であるが、区内の地域によって格差が存在することは間違いない。なにしろ、目黒区全体の平均年収は高い。2015年のデータでは千代田区、中央区に次いで第三位の586万8950円になっている。これは、文京区の574万8667円よりも高い。つまり、目黒区には金持ちがゴロゴロと住んでいるというわけである。

しかし、実際に目黒区全域に金持ちが住んでいるというわけではない。金持ちが住んでいる地域というのは、結構偏在している。ひとつの駅の周辺でも、金持ちが住んでいる地域とそうでない地域があったりするのだ。例えば、ハイソな街と知られる自由が丘だって、駅前の風景はさほどそういう雰囲気はない（ハイソな地域は駅からちょっと離れたところに多い）。意外に、雑多な飲み屋も広がっていたりする。大岡山駅周辺も、同じく一歩住宅地に入れば、豪邸もあったりするけれども、すべてがそうというわけではない。やたらと地元志向の商店街が広がる目黒線の武蔵小山駅周辺とか、東京とは思えない郊外感がある大井町線の各駅とか、ハイソというよりは庶民の街のほうが面積は広いように思える。結局目黒区というのは、八雲四丁目、柿の木坂一丁目などの高級住宅地に住まう人々が年収を押し上げている土地なのである。彼らは、潤沢な教育資金を子どもに投入し続ける。豪邸を所有するところにまで至っているということは、数世代前からの金持ちが主流だと考えられるので、港区のタワーマンションとかに住んでいるような金持ちよりも、ランクとしては上だと考えてよいだろう。

では、庶民の側はどうかといえば、やっぱり目黒区である。常に住みたい街ランキングの上位に入る地域を複数有するだけあって、庶民といえども、そこそこ社会階層は高い。分譲マンションも中古の2LDKが4000万円台である。それなりの収入がないと住むのは苦しい。雲の上のような上流階級のほか、古くからの地元民と、中流以上の人々がほどよい割合で住んでいるのが目黒区の特徴といえるだろう。目黒区というと、ハイソな自由が丘などを除くと、商店街の活気が著しい武蔵小山、そして、ダイエー碑文谷店（2016年5月閉店。イオンが同年12月にイオンスタイルとして再オープン）など、庶民的な地域のイメージがある。それでも、目黒区の庶民に仲間入りするのは、なかなかハードルが高い。目黒区は庶民が暮らすけれども下町ではない、特殊な地域だといえるだろう。

街の雰囲気が勉強しろと圧力を

一見、庶民の住む地域の街のような顔をしつつも、目黒区は受験熱の高い街だと考えられる。これはなかなか実感しがたいが、街の書店に入ると、やたらと小中学校の受験コーナーが充実しているように見える。そんな目黒区の公立以外の中学校の進学率は2016年度のデータで31・7%に及ぶ。港区や文京区には及ばないが、受験熱の高い地域といえるだろう。そう、ここの住民たちは「自分たちは中流、庶民だよね～」の顔をしながら、腹の中では高みを目指そうとしているのである。

なぜ、そのような空気が醸成されているかといえば、やたらと教育環境がよいからではないかと思われる。とりわけ中学校以上の優秀な学校が目黒区内および、電車で一本の地域に多いからではなかろうか。そのひとつが前述の都立大学附属高校から転換した中高一貫の東京都立桜修館中等教育学校だ。さらに、都内で6校が指定されている進学指導特別推進校（国公立や難関大学への入学に重点を置いた教育を行う高校）のうち、都立駒場高校と都立国際高校の2校もが、目黒区内に置かれているのである。

これに加えて、電車で楽に通えるところにも優秀な高校はいっぱいだ。東京大学に多数の合格者を誇る、筑波大学附属駒場と、駒場東邦は、ともに住所は世田谷区であるものの、最寄り駅は世田谷区と目黒区に跨る池尻大橋駅だ。さらに、目黒区民にとってもっとも近いターミナル駅である渋谷駅周辺には、これまた優秀な私立の中学・高校がいっぱい。さらに、中目黒駅から日比谷線の先には、これも名門の麻布も。すなわち、目黒区は区内のみならず周囲の地域に存在する優秀な学校に通う子弟のベッドタウンとしても機能している側面がある。さらに、大岡山駅前には東京工業大学もあるし、東京大学の駒場キャンパスもあるわけで、どこにいっても「世の中は、勉強したものが偉いのだ」という雰囲気が当たり前のようにつくられているのである。

さて、目黒区では小学校でも学校選択制度を導入。指定学区に隣接する小学校までという限定条件があるが、その中でも学校選びには結構熱心である。目黒区で重視されているのは、主体となる学区内がどういう地域かというところ。つまり、小学校受験に失敗して、やむなく公立を選んだような比較的優秀な子ども、あるいは有名企業や官僚の子弟が多い学校に、我が子も通わせたいと考える親が多いようだ。

目黒区の公立小学校は総じて優秀といわれるが、とりわけ官僚の子弟が多い学校は、落ち着いているとみられている。加えて「そういう学校であれば、優秀な先生が選抜されているのではないか」という目論見もあるようだ。

こうして小学校選びにも余年のない目黒区民が、まず薦めるのが東山小学校である。この小学校は周辺に官舎が多いために、特に優秀な子どもが集まっているとみられている。また、学区内に文科省の官舎もあることも安心材料になっている様子。ただ、人気の高さゆえにクラス数も多いこと。また転勤を念頭に中学校受験には消極的なため、中学校受験を考えている家庭は駒場小学校や烏森小学校を希望する場合が多い。とりわけ駒場小学校は、ほとんどが中学校受験をする小学校だという。教育レベルは高くストレスも少ないが、住むためには、それに見合う収入というハードルが目黒区には存在している。

【大田区】――雑多な街ゆえの教育効果は抜群

住んでるだけで社会の縮図がわかる

大田区は、ひとつの区の中に膨大な教育格差を感じさせる地域である。大田区は広い。そして、あまりにも雑多な人々が住む地域だ。なにせ、大田区の中心地である蒲田といえば、町工場を軸にした歓楽街。そして、同じ区の中に、田園調布という日本でも有数の豪邸が建ち並ぶ超高級住宅地が存在しているのだ。

そんな大田区の教育であるが、まずもっとも特徴的なのは2009年に公立幼稚園を全廃したことにあるだろう。23区で区立幼稚園を持たないのは、大田区のほかに杉並区・足立区（代わりの区立・認定こども園が存在する）がある。この廃止の目的は、共働き家庭の増加によって保育園の需要のほうが高まっていること。これに対して、待機児童が増加する傾向にあるためだ。ただ、幼稚園に対する施策というのは東京23区でも分かれていて、中央区の場合は私立幼稚園は皆無。16ある幼稚園はすべて定員数を増加させている。ただ、中央区の場合は人口が増加していることに加えて、幼稚園に子どもを預けることができるような世帯＝両親が完全に共働きではない、生活に余裕がある家庭が多いとも見ることができる。ともあれ、全国的には両親が共にフルタイムで働いている家庭も増加しているようで、幼稚園自体は減少傾向にある。大田区は、この大きな流れにのって区立幼稚園を全廃したわけだ。幼稚園よりも保育園のほうが需要が高いということは、両親が共に働かないと世帯を維持できないという、大田区の人々の姿を浮き彫りにしているように見える。すなわち、大田区の人々はビンボーなのである。

だが、総じてビンボーかと思いきや、田園調布のみならず、それ以前に開発された馬込という高級住宅街も存在していたりして、多様性のあるのが大田区だ。超高給住宅地に住む一握りの人々を除けば、あまり社会的な階層を感じさせないという側面もある。というのも、大田区の広い地域の人々にとって、もっとも利用するターミナルは蒲田。そして、普段の買い物は蒲田で、というのが大田区の人々の姿だからだ。休日に蒲田駅周辺の繁華街に出かけると、これでもかというほど、様々なタイプの人間を見ることができる。本来、人生の中で交わる機会も少なそうな人々が、同じ店で買い物をして、同じものを食べている。それは大田区では当たり前の姿だからだ。なぜ、そのようなことになってしまうのか、理由は単純である。なにしろ、蒲田は物価が安い。スーパーなど食料品や日用品はもとより、ディスカウントストアも揃っている。かと思えば、いつの頃からかオタクショップも乱立する街として知られるようになった。ユザワヤという手芸用品の店かと思えば、文房具やオモチャまで知られる巨大店舗がある。JR蒲田駅の駅ビルがグランデュオ蒲田としてリニューアルしてからは、蒲田はオシャレ度もアップした。

かつての蒲田といえば、工業地帯の中に位置する繁華街らしく、風俗店も多かった。しかし、今や風俗店は蒲田からほとんど姿を消している。目立つのはキャバクラくらいであろう。かつて、ピンサロが栄えていたJR蒲田駅から京急蒲田駅方面の道も、その面影は完全に失われているのだ。

つまり、蒲田は様々な人種の人々が混じり合う、多様性がウリの物価が安くて買い物に便利な街になっている。ここに加えて、国際化も進んでいる。羽田空港の国際化が進んだことに合わせて、蒲田を中心とした大田区は羽田空港の玄関口となる都市というイメージをつくりあげている。全国に先駆けて民泊の運用ルールを定めた条例をつくったのも、そうした国際化の手段である。もう、大田区と聞いて、高級住宅地や町工場のイメージを持つのは古い。

こうした街の姿が教育に及ぼす影響は明らかだ。大田区に生まれ育つということは、イコール社会の様々な階層の人々の姿をリアルに見て育つということである。これ、品川区が盛んにアピールしている公立小学校での社会体験授業よりも、よっぽど社会のことが知れるのではないかと思う。なにせ、同じ地域の狭い範囲に、超絶大金持ちから中流、ビンボーまで、さらにはホワイトカラーやブルーカラー、学生、ちょっとヤンチャな若者からオタクまでもが混じり合って暮らしているのだ。これほど社会の多様性を知ることができる地域は広い東京の中でも、唯一大田区だけなのではないかと思う。ちなみに、そうした利便性に加えて、電車一本で都心に繋がっている蒲田は、このところ家賃がアップする傾向にあるので、もしも移住を考えているならば、ドマイナー路線である東急多摩川線沿線がオススメだ。とりわけ、武蔵新田駅周辺は都心と郊外の狭間にあって暮らしやすいと、持ち上げておく。

詰め込み型ではなくても学力は向上

このように大田区は学校教育以外の面で、極めてポテンシャルが高い。でも、元気なだけでオツムのほうはイマイチ……というわけではない。公立以外の中学校への進学率は2016年のデータで21・6％となっている。同じく、ブルーカラーの多い地域として知られている足立区が11・8％。23区最低の江戸川区が10・6％であるのに比べると、そこそこの数値である。この背景には、大田区の公立小中学校における教育の手厚さがあるようだ。大田区では、2008年より、小学校4年生から中学校3年生まで「学力効果測定」を実施している。これは、国語・社会・算数・数学・理科・英語について、目標値を定めた上でテストを実施し平均正答率と併せて発表しているものだ。大田区の教育施策である「おおた教育振興プラン2014」では、中学3年生までに目標値を超えた生徒の割合を2018年までに62%とすることを目標としていたが、2016年4月の段階で、63・5%となり既に目標をクリアした。

これは、習熟度別授業などを行い学力の底上げを図る、ありがちな方法を用いているのかと思ったら、そうではない。もちろん、そうした授業も行われているが、同時に児童・生徒の学習カルテを用いて学習カウンセリング(面談)を実施するといった方法で、勉強をする習慣を身につけさせることに重点をおいているようだ。また、そうした学習の習慣をつけさせるのと同時に、児童・生徒に自己肯定感を持たせることに重点を置いているものだ。要は、褒めて伸ばすということ。これは、結構地道なもので、児童・生徒の美術作品を校舎の廊下や玄関に展示して達成感を引き出す。基礎体力をつけさせて、集中力や持続力を伸ばす。さらには、あいさつをするように指導して学校の居心地をよくするといった方法が用いられているという。区によっては、学力向上に腐心しすぎた結果、教員の負担が増えて校内もギスギスしているという話もよく聞かれるところだ。そうした過剰なノルマを課すかのような施策を避けたのも、町工場が多く、住民が共存共栄を図ってきた歴史があるからではあるまいか。

【世田谷区】——教育環境は良いが意外な弱点も

世田谷区各地の個性

一定以上の収入を持つ社会階層の人々が、一戸建てやマンションの購入を考えた時に、世田谷区は目黒区と「どちらにしようか」と比較検討する対象なのだとか。非常に広大な世田谷区の顔は様々だ。例えば、サブカルタウンでもある下北沢は、どちらかというと貧乏な雰囲気を漂わせた街である。かと思えば、小田急線でその先にある成城学園前駅周辺は、駅のテナントからしてブルジョアな雰囲気を漂わせている。一方、明大前駅周辺はその名の通り学生街であるし、さほど高級ではない住宅街だ。快速と各駅停車しか停車しない八幡山駅周辺は、東京23区内の駅であることが疑わしいような、郊外感を感じさせてくれる。近年、再開発も終わった二子玉川駅周辺は、新興のアッパーミドルの住む一帯である。かと思えば、二子玉川駅から先の等々力駅あたりは、やっぱりセレブな雰囲気は皆無である。

総論すると、世田谷区の住民の傾向は、一握りの富裕層のほか、それなりに資産を持っている最近になって移住してきた階層。そして、代々地元に根付いている人々とに分類される。とりわけ、世田谷区が特徴的なのは、下町的な雰囲気を持つ地域が多いことにある。三軒茶屋は、その代表格ともいうべき地域。国道246号線沿いや、世田谷通り沿いは近代的なマンションが建ち並んでいるのに、裏に回るといまだに昭和な雰囲気の商店街が存在している。かと思えば、オシャレなカフェなんかもある。経堂や赤堤あたりは、さらに特異な土地である。この一帯は、小田急線と京王線の開通と共に、農村からアッパー層のベッドタウンへと変化を遂げた土地である。区画整理が実施されて、農村から都市へと完全な変貌を遂げたのは昭和30年代だというから、住宅地としての歴史は古い。3世代、中には4世代も住んでいる人が多いとされる土地である。そんな歴史を背景に、経堂は世田谷区内では成城学園に次ぐ高級住宅地ということになっている。

教育環境は良いが注意点も

そんな世田谷区の公立以外の私立中学校への進学率は、2016年で34・3%。世田谷区が公表している2015年の全国学力・学習状況調査によれば、小学校・中学校ともに平均正答率は、都全体および国全体を大幅に上回っている。例えば小学校の「国語A　知識」では、世田谷区が正答率78・4%なのに対して都平均は72・3%、国平均は70%である。近年の東京23区それぞれに結果公表のやり方がまちまちなため一概にはいえないが、世田谷区の教育は優秀な部類に入っているだろう。

このように、どうみても教育に適した地域である世田谷区にも、ちょっといただけない歴史がある。1990年代以降、不良少年のトレンドは、以前の正統派「ヤンキー」から、チーマー、カラーギャングなどというスタイリッシュなものに移った時期があった。

実は、彼ら新しい不良（のリーダーや創始メンバー）はその多くが世田谷区の出身だった。それも有名大学付属校の出身がやたらと多い。また、近年世の中を騒がせた「半グレ」と呼ばれる反社会勢力は、杉並区南部から世田谷区の暴走族OBを中核としていた。世田谷区は、事実としてヤバい人たちを産み出してきた土地でもあるのだ。

不良とは、構造として低所得層から生まれるものである。つまり、本書で取り扱っている学力格差の犠牲者が、将来への絶望感から不良化するという「システム」である。江戸時代の博徒や侠客をそのルーツにするヤクザはそのトラディショナルな組織であり、本来は社会的弱者の互助団体だ。

しかし、世田谷区の不良は違う。チーマー（の初期メンバー）は、その多くが裕福な家庭に生まれ、暴力とパーティ券販売、イベント運営などで「小ずるく稼ぎたい」がために不良化した。世田谷区のアッパーミドル層は、大企業の従業員が多い。大企業は宿命的に、社内抗争、下請けの酷使や権謀術数を張り巡らせる、小ずるい「悪」の側面をもっている。そうした小ずるさをもった親の背中を見てきた子どもが悪の道へ堕ちていったかもしれないのが、世田谷区における不良のルーツだ。また、半グレ世代は1978年以降生まれが中心だが、彼らの親はバブル崩壊に際した景気低迷、リストラの嵐にさらされた人々だ。それらの「低所得化」が不良化を招いたのは一面の事実であろう。近年東大、慶應の学生が女性を暴行する事件を起こしたが、それら不良学生と世田谷区が生んだ不良は同系統である。

これら世田谷区の不良は、外見からはわかりづらい。見た目は、制服をちょっと崩した着方をしているオシャレな生徒にすぎない。成績はまあまあで、一見問題はなさそうだ。しかし、裏では何をやっているかわからない。

世田谷区は、純粋な学業の面では、ほとんど問題のない安心して子どもを育てられる地域だ。バブル崩壊の余波も一応は落ち着き、世田谷区に住んでいる人々の大半はソコソコの収入のある高学歴家庭だ。子どもを教育するには、文字通り最適の環境である。

だが、しかし一応は、子を持つ親は注意をしなければならないのも世田谷区であることを歴史が証明してしまった。まあ実際問題としては、これらの不良はバブルの狂騒やバブル崩壊後の絶望感に影響されて生まれたものなので、現在の世田谷区は当時に比べ遥かに落ち着いている。しかし、一度生まれてしまった流れはいつしか伝統となり、今も世田谷区は、目に見えない不良化が起こりやすい土地であることも認識しておくべきだろう。決して油断はできない。

教育環境の善し悪しも細かくみると

同時に、南部の二子玉川エリアなど、現在人気のエリアがどの程度、教育環境として優れているかもよく考えるべきだ。かなり広く報道されているが、子どもの数が増えすぎて幼稚園や小学校がパンクしているのが世田谷区南部地域である。確かに、これら人気エリアは親世代の学歴は高く、平均レベルの高い土地となっている。だが、いくら学校のレベルが高くても、人数が多すぎると必然的に学校における児童へのケアは希薄になっていく。幼稚園に入れずに、共働きを始められる時期が遅れたり、幼少期のコミュニケーション訓練がおろそかになったりする可能性があるのも、また世田谷区なのである。

世田谷区だからといっても、全部が全部好条件ではない。自分の住んでいる地域の本当の現状や、わかりづらい学校内の雰囲気にまで目を配らなければ、せっかくの世田谷区在住というアドバンテージを活かせなくなるリスクも存在することは、頭の片隅においておいてもらいたい。

【渋谷区】――東急ハンズの傍にも小学校がある

子育てサービスは充実してるけど

さて、渋谷区の教育格差と聞いて、みんなどのようなことを思い浮かべるか。そもそも、渋谷区ほど人が住んでいることをイメージしにくい地域もないだろう。渋谷区の住宅地として思い浮かべるのは、広尾や松濤……すなわち、雲の上の住人たちが暮らすような高級住宅地ばかりである。とはいえ、そんな渋谷区にも多くの人は住んでいる。

東京23区中19位と人口は少ないけれども2016年10月現在で22万2578人。世帯数で13万4859世帯。地方の、そこそこのレベルと同じくらいの人口がある。基本的に、遊びや仕事のために存在しているイメージの強い渋谷区だが、それはあくまでメインのターミナルである渋谷駅を中心としたごくごく一部の地域だけの話だ。むしろ、超繁華街である渋谷駅を除けば、外縁部には庶民の街が張り付いている。

とりわけ、庶民度が高いのは、京王新線の幡ヶ谷駅と初台駅、笹塚駅の周辺だろう。ここは、渋谷区だというのに、まったく渋谷というイメージのしない地域である。なにしろ、最寄りのターミナル駅は新宿。それも、京王新線というのは、都営新宿線と同一のホームである。利用したことのある人ならば、おわかりだろうが、新宿駅のもっとも辺鄙なところに、地下深く設置されており少々場末感が漂う。そんな駅から出発するわけだから、やっぱり辺鄙な地域なのは否めない。新宿駅から、歩けない距離ではないという利便性は魅力的だが、初台にある東京オペラシティくらいしか、目立つ施設はない。だいたい、ここに入居する新国立劇場にいく用事なんて、ほとんどの人が一生に数度ではなかろうか。

そんな地域ゆえにか、駅の周囲の商店街は信じられないほどの昭和感である。とりわけ、笹塚駅周辺は、リリー・フランキーの小説『東京タワー』の舞台として、一時期注目を集めた地域。小説の中でも、大都会・東京とは隔絶されたような泥臭さが描かれていたように記憶しているが、その雰囲気は健在だ。駅を一歩出れば、昭和的な泥臭い風景が広がっているし、商店街は渋谷区とは思えない下町感を放っているのである。かつては、恵比寿駅周辺にも似たような風景が広がっていた記憶もあるが、恵比寿ガーデンプレイスが誕生して以降は、下町感はほぼ消滅してしまっている。

どこに住めばよいのか迷う渋谷区だが、実は子育て支援がやたらと手厚い。なんと、子どもを一人産んだだけで、10万円が支給される大盤振る舞いである。23区内でも出産祝いを行政が支給する地域は、わずかである。基本はナシ。中央区の場合は3万円が支給されるけれども、これは区の買い物券で額面3万円分という仕組み。つまり、渋谷区は、産むだけで得をする数少ない区といえるのである。

渋谷区は、子どもを産んでからもやたらと行政サービスが充実している。子どもに対する医療費助成だけでなく、虫歯予防のために「幼児の無料フッ化物塗布」というユニークなサービスもある。さらに、認可保育園の保育料が安い。2015年のデータでは年収470万円までの場合、保育料はタダ。千代田区だと、第1子で1万9100円、港区では1万3600円、江東区に至っては2万2300円かかるのに、タダなのである。さらに妊娠中や産後1年は1時間1000円でヘルパーが派遣される施策も行っていたりと、やたらと行政サービスが手厚くかつ先進的なのだ。元来、渋谷公会堂のネーミングライツ権を販売したり、全国に先駆けて同性婚のための条例を制定したりと先進的な渋谷区。どうも、全国的に知られる地域だけに、行政の方針として先進的な施策を行う意志が強いのである。

つまり、渋谷区に暮らせば、行政サービスによって浮いたぶんも、教育費につぎ込むことができるということか。いやいや、そんなに甘くはない。いくら雰囲気が庶民的でも、当然ながら、アパートから一戸建てまで家賃は高い。今、手元に一億円の貯金があるならば別だろうが、もともとの住民を除けば渋谷区に暮らすのは、相当の資産を持ち社会の上位階層に身を置いていなければできないことだろう。子育て支援の手厚さにも、なんとか渋谷区にマイホームを構えた夫婦に「子どもが生まれたら、共稼ぎでどんどん稼げ」というための施策とも思えるのである。

勝ち組の街だけに子どもも優秀

元から住んでいる住民以外は、相当のブルジョアでもなければ、おいそれとは暮らせそうもない渋谷区。公立以外の中学校への進学率は2016年度で33・8%と、そこそこの数値になっている。やはり、資産を蓄えているか、所得の高い住民が多いゆえに、教育には熱心とみてよいだろう。その渋谷区では、小学校から学校選択制を実施している。通例、多くの区では学校ごとの希望者数と抽選結果を公表しているが、渋谷区はなぜか非公開。そこで、住民たちに話を聞くと名門として挙げるのは神南小学校。渋谷区役所の隣、東急ハンズ渋谷店も直近という、とてつもなく繁華街の中にある小学校である。確かに、超高級住宅地である松濤も近いし名門感はある。けれども、そうしたエスタブリッシュメントな人たちは、小学校から私立に通わせるのではあるまいか。だが、渋谷区では、小学校受験を重視しない金持ちも多い様子。むしろ、祖父母の世代から通っている公立の名門のほうが有り難がられているようである。なので、この神南小学校というのは学校がどうというよりも「保護者のプライドが高い」ということで有名なようだ。

学校選択制の導入により、渋谷区でも秋頃になると就学期の子どものいる家庭では「どこの小学校がよいか」と話題になるが、結局は最寄りの学校を選択することが多いようである。というのも、もしも区内の少し離れた小学校に通わせようとすると、途端に交通量の多い道路を横断しなければならなかったり、危険も多いからである。結果、公立である以上は、どこも大差ないと考える家庭が多いようだ。

このように、渋谷区では小中学校は公立も全体的にレベルは高い。かつ、普段の学力は塾などを利用して確保するという家庭が一般的なようである。そもそもが、一部の下町地域の地元民を除けば、渋谷区に住んでいる時点で完全に勝ち組である。子どもにつぎ込める教育資産も多いことは、容易に想像ができる。千代田区や文京区といった地域に比べ、商業地域のイメージばかりが強い渋谷区であるが、教育に資産をつぎ込める家庭が多い点では、肩を並べているといえるだろう。

【中野区】――特殊な文化が育つ街

中野駅周辺は再開発で激変中

中野区は、けっこう特殊な地域である。都心と郊外の二つの顔を持ち合わせているのがその理由。メインとなる駅はJR中央線・総武線の中野駅。そして北には西武新宿線、南には東京メトロ丸ノ内線が通っている。正直なところ、JR中野駅から歩ける範囲も広いので、交通の利便性は高い地域である。そして、都心はすぐそこだ。JRの東中野駅あたりからは、新宿の高層ビル群もまま近かに見える。ゆえに、都会に暮らしている感は存分に味わえる地域である。

そんな都心にありながら、中野区はディープで特殊な文化を構築してきた。その象徴が中野ブロードウェイである。ありとあらゆるサブカルチャーを扱う店舗が並ぶこの建物に加えて、中野サンプラザの存在もあり、中野はディープなサブカルタウンとして長らく繁栄してきた。

そして、最近では新たな変化もある。警察大学校跡地に建設された「中野四季の都市」である。中野駅直近の広大な地域には、再開発によって企業が入居するオフィスビルも完成。さらに明治大学と帝京平成大学がキャンパスを構えて、中野はもともとの繁栄に加えて、サラリーマンや学生もわんさかと集う街へと変化している。

とにかく中野の文化は特殊である。長らく、中野に住み子育てを終えた区民に聞いてみると「とにかく中野は住みやすい」と熱く語る。なぜ住みやすいのかと聞くと「左派が強いので行政のサービスが手厚い」という。確かに中野は左派が強い。中野駅北口の広場は、いつも居酒屋などの客引きに混じって、色んな団体が演説したり、ビラをまいている定番スポットである。とはいえ、そんなに手厚いのか？　まず、子ども医療費の助成は中野区では中学三年生までである。東京23区内では千代田区と北区のみ高校三年生までとしているので、平均レベルというところだ。レベルが高いのは、認可外保育施設を利用した場合の援助で、最大毎月6万2000円までとしている。同レベルの地域は杉並区（最大毎月6万7000円）や品川区（最大毎月6万6000円）などがあるが、世田谷区は最大毎月2万円、渋谷区は最大毎月2万5000円なので、高額な部類に入るだろう。

つまり、中野区の暮らしやすさとは、都心に近いにも拘わらず、そこそこ家賃が安くて、その割に行政のサービスが手厚いという点に尽きるだろう。もちろん、JR沿線に限れば都心並みである。ただ、JRから遠ざかれば途端に家賃は下がっていく。西武新宿線の沼袋駅あたりなんて、隣は新宿区であることをまったくイメージできない郊外の雰囲気を漂わせているが、その分家賃は安い。もちろん、マンションも安い。つまり、中野区は地元の住民に加えて、とても目黒区あたりには住めそうもないと考えた、子育て世代のための街となっているといえるだろう。

ただ、利点はある。家賃の安さゆえに、常に街の住人が更新されていく。2014年の中野区保健福祉審議会の資料によれば、中野区は20代と30代の割合が突出して高いことが示されている。また、単独世帯の割合も高い。この資料では2010年度の国勢調査をもとに中野区は、一人世帯が60・2%としている。全国では32・4%、東京23区では49・1%だから、中野区は独り身の20代、30代がやたらと住んでいる地域であることがわかる。この傾向は現在でも変わっていないと思われる。

ここで明らかなのは、そうした若者人口によって中野の特殊な文化が形作られたことであろう。そして、そうした世代が常に存在していることによって、中野区は住んでいるだけで、特殊な文化を享受できる地域といえるだろう。学校では教えてくれない部分の文化的教育を子どもに伝えたいのであれば、中野区のポテンシャルは高い。

ともあれ、中野の特徴は区の全域にわたって、極端な金持ちが住まう地域もなく、開放的な庶民の文化が根付いていることにある。子どもから大人までストレスがなく生活できるということは、教育面でも効果を持つだろう。

人口減で中野らしさも消滅か

そんな庶民の街である中野区だが、教育水準は決して低くはない。2016年の公立以外の中学校への進学率は、26・2%と中程度である。そして、学校選択制は実施されていない。中野区でも23区のあちこちで学校選択制度の導入が検討された2000年代半ばに、学校選択制の導入が検討されたものの、見送られた経緯がある。理由は、児童・生徒の減少にともない学校の統廃合が実施されていたからだ。発展が著しい中野区であるが、人口がどっと増えているわけではない。近年は微増傾向にあるとはいえ、それは30代の単身世帯が増えているだけである。年齢別人口を見ると0〜9歳までの人口は2005年の1万7931人から、2014年には1万7264人と3・7%の減少。また、10〜14歳も、2005年の8602人から2014年には8476人と1・5%減少している。この人口減にあわせて現在も10校の小学校を5校に再編するための協議が進んでいる。統合の対象になっている小学校は、多くても1学年あたりのクラス数はおおむね2クラス。そのため、学校選択制を導入すると無用な混乱をまねくと判断されたようである。また、そうした状況のため区内の指定学区外への越境も容易には認められないものになっている。そのため、ほとんどの住民は、地域の小中学校へ通うというのが一般的なのである。

そんな中野区では、統計をみると若者の流出も顕著だ。前述のデータを見ると15歳～29歳の人口も２００５年には６万６０１９人だったものが、２０１４年には４万８７３９人と26・２％も減少している。一方でその上の世代、30歳～49歳は２００５年の９万３７６０人から２０１４年には10万５４６８人と12・５％増となっている。どうも若者は、どんどん中野区を出ていき、その代わりに子育て世代の流入はあるものの、少子化の波は止まるところを知らないようだ。全国的に少子高齢化が進んでいる傾向の中で、中野区も例外ではない。これまで、中野区の特殊なサブカル文化は一時的に居住する単身者によって支えられてきた側面があった。だが、若者も減少していけば、その文化もいつまでも持つものではないだろう。

中野区では、オリンピック前後を目処に中野サンプラザを建て替えて１万人規模の施設を建設。さらには、中野駅には駅ビルを建設するなど大規模なリニューアルを検討している。こうした街の変貌によって、中野の文化そのものも変化を迫られることになる。少なくとも、現在のような中野らしさを消滅していくことになりそうだ。そんな、らしさを失った中野区は文化面での教育の質を大幅に低下させることになってしまうかもしれない。

【杉並区】――学校選択制廃止後の対策は

西高東低、南部優勢が全体の傾向

２０１６年度に学校選択制を廃止する杉並区。これは、一部の学校に生徒が集まりすぎたため、かなりの不均衡が生まれた結果だという。今後は、以前の学区域に近いスタイルが復活する訳なので、住所選択が重要になる。ここでは伝統的な杉並区内の地域事情をお話ししよう。

まず、全体的な傾向として、杉並区にある中央線4駅のうち、西部の荻窪、西荻窪エリアは、伝統的に成績が優秀だ。また、全国の私鉄沿線でもっとも資産家が多い京王井の頭線沿線も同様。つまり、東京23区では教育レベルの高い部類に入る杉並区でも、その本場は西南部の一部地域となる。

さらに細かく見ていくと、その西南部ですら全域が優秀ではないのが伝統的なスタイルだ。というのも、杉並区では元々、駅周辺は個人事業主、つまり商店主が中心で、商店街から多少離れた場所はお屋敷街と有力企業の社宅、という構造になっていた（他のエリアでも同じような傾向はあるだろうが）。

筆者（鈴木）はこの杉並区の出身だが、これには実感がある。駅前と郊外では、圧倒的に家の大きさが違い、子どもの目にも、所得格差が存在することは明らかだった。

さらに、アッパーミドル層の分布には「アッパーミドルベルト」ともいうべき存在があった。具体的に言うと、西部は中央線から井の頭街道に挟まれたエリア、荻窪以東は中央線から青梅街道を越えたあたりまでのほぼ真横に伸びるエリアである。つまり、それらの中間を走る五日市街道周辺のエリアが、高所得家庭の特に多いエリアである。

これに対して、井の頭線沿線は、ポイントポイントに教育レベルの評判が高い街がある。特に有名なのは久我山駅周辺と、浜田山駅周辺だ。久我山は戦前からのお屋敷街で、その雰囲気はかなり薄れたと言っても、実力は未だ健在。浜田山は言うに及ばず、杉並区内でもっとも評価の高い高級住宅街である。では、その他の井の頭線駅周辺はどうなのか。全体としては、久我山、浜田山以外のエリアも高所得層が多く、教育レベルも高いのだが、過去に問題のあったエリアも多い。特に有名なのは、都立の大名門、西高がある宮前から高井戸西・東と、永福町。つまり、富士見ヶ丘、高井戸、永福町各駅周辺だ。

これらのエリアで起きた問題とは、近年世間を騒がせた「関東連合」という暴走族の、有力構成チーム発祥の地であったことだ。共通するのは、近所に環八、甲州街道（国道20号線・中央高速）という巨大な道路が走っており、全体的に閑静な住宅地である杉並区の中では異質なエリア。暴走族は街道沿いに発生するパターンが多いので、そうした影響もあるのだろう。ともかく、井の頭線沿線でも過去一時期「荒れた」エリアが存在したのだ。

各エリアの現状は

伝統的に富裕層の多かった南部に比べ、北部はぐっと庶民的だ。高円寺駅周辺はそれほどでもないが、それ以外の中央線3駅の周りを歩いてみればそれは実感出来る。南部は、駅を少し離れるといきなり庭付き一戸建てが中心になるが、北部は1970年代から最近作られた集合住宅が目立つ。特に西荻窪周辺はその傾向が顕著になっている。

さらに北上して西部線沿線エリアに到達すると、今度は庭無しの小規模一戸建てと、個人経営のアパートが目立つようになる。全体的な雰囲気としては南部がアッパーミドル、北部がミドルミドル層という感じと考えて、おおよそ正解といえるのが、戦後の杉並区の姿であった。

現状、おおよそこの伝統的なスタイルはそれほど変わっていない。地域情報を扱うウェブ上の掲示板を見ても、評判のよい学校は先ほど紹介した「アッパーミドルベルト」に集中している。昔から有名だった浜田山、松ノ木、桃井二、桃井三、高井戸二、高井戸三、松庵の各小学校、高井戸、神明、宮前の各中学校はこのエリア。他のエリアで有名な公立校は、三谷小（上井草駅の南）、荻窪中（西荻窪駅の北）、高円寺中（高円寺駅直近）と非常に少ない。

ただ、多少の変化がある学校も存在する。例えば、浜田山小→高井戸中のルートは今も黄金ルートと呼ばれているが、高井戸中と双璧を成していた名門神明中は、生徒数の減少から、一時統廃合騒ぎが発生した。

神明中は、かつて制服がない自由な校風と進学実績の高さから、多数の越境入学者がいたのだが、1990年代に一時荒れた時期があり、その後の周辺住民の高齢化による生徒数の減少も手伝って、一気にその力を落としてしまっている。廃校の危機を乗り越えた現在は、かつての名門復活を目指し徐々に回復中とのことだが、生徒数は未だ少なく、その道のりは道半ばといったところのようだ。

買える・借りられる住居の少なさがネック

ここまで、杉並区内でも伝統的に教育熱心なエリアを見てきた。これらの地域であれば、お高い私立中にいかなくても受験熱は高く、金銭的にも自由度の高い教育を受けさせることができる。また、他のエリアにしても全体的な学力は、東京23区内では上位グループ。西南部ほどの安心感はなくとも、教育環境としてのレベルは高めといっていいだろう。

それよりも問題は、古くから住宅地として発展していた杉並区では既に再開発を行うような土地がなく、新しいマンションなどの物件が少ないことだ。杉並区の教育環境が良好なことがわかっても、物件がないのであれば意味がない。

ただ、そのおかげかあまり人気が集中しているということはなく、東京23区内でも都心部へのアクセスが良好な立地のわりには価格、賃料ともに安めだ。

また、先に紹介した西南部の「お屋敷地帯」も徐々に変化しており、住民の高齢化によって広い土地の一部が売られ、もともと100〜200坪の家だった場所に、3〜5軒程度の小さい家が建つパターンが目立つ。大規模新築マンションのようにわかりやすい物件は少ないが、丹念に調べていくと案外安い価格で小さいとは言え一戸建てを買うチャンスがある。しかし、やはり希望に添った物件にたどり着くのは、なかなか難しいのが現実だ。

このように、条件の良い杉並区の弱点は、引っ越したくても気に入った物件が見つかるかどうかの運任せになっていることだろう。たまたま気に入った物件が見つかったら、それは千載一遇のチャンスかもしれない。教育に適した引っ越し先を探しているなら、他の地域と合わせて、定期的に杉並区の情報も、入手しておくのが賢い手といえるだろう。

【豊島区】――環境は優れているが住民が教育向きではない

教育「周辺」環境は充実しているが

豊島区は、ご存じ巨大繁華街池袋を擁する商業都市である。だが、同じく巨大な繁華街を持つ新宿、渋谷に比べ、遥かに住宅地のイメージが強い土地だ。

これは、イメージだけの話ではなく事実。豊島区は人口こそ28万人前後と少なめだが、人口密度では常に中野区とトップを争う過密地域である。純粋な住民の数を計る指標である夜間人口の密度でも東京23区トップなのだ。

住民が多いということは、それだけ学校に通う子どもも多い。では、子どもを育てる街として見る豊島区は、どのような存在なのだろうか。

まず注目したいのが、私立校の充実ぶりだ。立教、学習院という有名大学にその付属中・高校。女子御三家を猛追する豊島岡女子学園。有力進学校の一角に名を連ねる巣鴨、十文字など多士済々である。

有名な高校・大学などが存在し、住民が日々「近所に優秀な学校がある」ことを感じるのは、地域の学力を上げる要素のひとつだ。そうした学校に通う学生、生徒を目にし、ふれ合うことで、有名校が遠い世界の存在ではなく、自分にも関わりのあるものとなる。その心理的影響力はかなり大きい。

しかし、豊島区にはこれが適応されていない。公立小中学校ともに、学力テストの結果は中位から下位の年が多い。何とも不思議である。世帯年収の平均をみても、教育エリアのひとつである杉並区と同等なので、収入面でも問題はない。しかし、ひとつだけ「問題」があった。豊島区は、住民の高学歴率が低いのである。

つまり豊島区は、全体の傾向として低学歴でもバッチリ稼いでいる叩き上げの人々が数多く住んでいる区なのである（対して杉並区が高学歴のくせに大して稼げていない区である）。正直、ここまであからさまに親の学歴が影響を与えている実例を見せつけられたのはショックだが、統計的には紛れもない事実である。

池袋は教育危険地帯

教育に恵まれた環境を、豊島区はイマイチ生かし切れていないのだろうか。その真偽を、もうすこし細かくみてみよう。

まず、豊島区の私立中学校への進学率は約31％とそこそこ。私立小学校への進学率も7～8％とまあまあ高め程度だ。

次に、町ごとの高学歴率を見てみる。これはかなり激しい結果となった。目白、駒込、千川などお屋敷街や文化的なイメージのある街は、大卒率で30％弱。だが、池袋は13・7％、池袋本町は16・7％と、池袋エリアはそのほとんどが20％を切っている。豊島区の住民の約3分の1はこの池袋エリアに住んでいる。このグループが、豊島区全体の平均点を下げているのは明白だ。

これは、非常に珍しいケースだ。東京23区に限らず、日本の都市において、大繁華街の中心部の住民は、かなりの確率で高学歴である。これは、元々住んでいた商店主などが自分の店をビルにし、その家賃収入で高所得者となり、余裕があるから子どもの教育に力を入れ、戦後第2、第3世代にあたる現在30～60代の住民が高学歴者となったというパターンで成り立っている。

池袋は、なぜこのパターンに当てはまらないのか。その答えは、池袋が巨大繁華街でありながら、昔ながらの商店街を他の街に比べかなり残していることにあるのかもしれない。

池袋を扱った石田衣良の大ヒット小説『池袋ウエストゲートパーク』の主人公マコトは、こうした池袋住民の典型といえるかもしれない。マコトは昔ながらの西口駅前にある青果店の息子で、高校では順調に不良化し、卒業後は店を手伝いつつ、街をふらふらしながら、持ち前の機転と正義感で様々なトラブルを解決している。マコトは様々な経験を積みながら高度な教養を得ている大変立派な男だが、とりあえず学歴は低い。彼がボランティアに等しい街の世話人役を続けられているのは、池袋の大繁華街に店を持っているという「恵まれた」立場にいるからともいえる。

実際、マコトのように恵まれた環境に依存して、地道な生活を送っている池袋住民は一定数いるのだろう。マコトのライフスタイルは一種理想型だが、それには池袋が地元という「特権」が必要だ。マネをしたくてもできるものではない。少なくとも、そんな特権を持たない人にとって、池袋は教育に適した土地とはいえないだろう。

豊島区に住むなら南部地域

ただ、豊島区全域が教育に適していないとはいえないだろう。豊島区は、隣接校選択制という、ある程度限定されてはいるが、公立校を選択できる区だ。このうち、抽選入学が行われているのは仰高小学校（駒込）、目白小学校（目白）、西池袋中学校（椎名町に近い池袋の外れ）などの学校だ。すべてが豊島区の南部地域の、比較的住民の学歴が高いエリアである。正確なデータは入手できなかったが、目白、駒込などのエリアは、私立小中学校への進学率が高いという話を聞いている。確かに、目白の大豪邸の子どもたちが、近所の公立校に通う姿は想像しづらい。そうした環境は、子どもの教育に有利な「勉強して当たり前」な空気を持っているのだろう。

つまり、池袋駅周辺を避ければ、近所に有力校が多い。池袋や新宿、少し足を伸ばして御茶の水などへのアクセスが良く、学習塾へ通いやすいことなどを考慮すれば、豊島区の教育環境は良好とも言えるのだ。

だが、そうはいっても豊島区はやはり都心部の地域だ。地価にしても家賃にしても決して安くはない。豊島区にある有名校に通うにしても、池袋へのアクセスが良好な周辺の板橋区、練馬区に住んでいれば、ずっと余裕のある生活が可能だ。また、巣鴨駅や駒込駅は、より安価に住宅を探すことのできる北区の西ヶ原に隣接している。このエリアに住んでいても、豊島区民が享受できる環境を同じく利用できる。

結局、よほど余裕がない限り、子どもの教育目的で積極的に選ぶ理由に乏しい街というのが、残念ながら豊島区なのだ。

【北区】——実が追いついていない「教育先進都市」

狭い地域で格差がありすぎる

北区は、20平方キロメートルあまりの面積（23区中11位）の中に、社会の様々な階層、格差が入り乱れる土地である。同じ北区を名乗りながらも、鉄道駅ごとによって、実情はまったくことなるのである。なにしろ、明治以降１００年あまりの間に北区は、武蔵野（田畑）から工業地帯となり、ベッドタウンへと猛スピードで変遷を遂げてきた。その変化は、今でも続いているからだ。近年、北区の中でも知名度が高いのが赤羽。メディアを通じて知られる赤羽は、ディープな飲み屋が軒を連ねる、ちょっと小洒落た大人の遊び場的印象。とはいえ、このイメージができあがってからもう10年あまり。その前は、赤羽といえば風俗店も多い東京北部の雑多な歓楽街だった。ターミナルとなるＪＲ赤羽駅にしても灰色が目立つ古ぼけた駅。それが、気がついたら小洒落た駅ナカ店舗も入居する綺麗な駅舎になっているわけで……住民ですら、この変化に追いつけていないだろう。そして、そんな飲み屋が多い街・赤羽も実は限られたエリアの話。赤羽と呼ばれる地区の多くを占めるのは、高度成長期に建設された団地群。浮間地域に近づいていけば、開発されたばかりのマンション群が広がっている。また、東京メトロ南北線沿線は、これまた新興住宅地やマンションが並ぶ地域として再開発が進んでいる。かと思えば、十条地域は、赤羽どころではない昭和テイストが溢れるディープな商店街が広がっている。京浜東北線の駅である王子駅周辺も、まだ昭和の雰囲気を残すエリアだ。

こう記して見ると、庶民の街のようにみえる北区だが、実際にはそうではない。滝野川や西ヶ原は戦前から開発されてきた高級住宅地である。とりわけ、山手線の駒込駅に近い地域には、今なお豪邸があったりするほどだ。だが、この北区西南部地域は高齢化が進み、子どもの数が減少している。

北区内の教育エリアとしては、田端地域が挙げられる。田端は、元々「文士村」があって芥川龍之介を筆頭格に、多くの文化人が住んだ土地だ。なぜ文士村が成立したかというと、田端は東大まで至近ということで、芥川が下宿したこと、それ以前から陶芸家や画家などが多く住んでいたことがその理由だ。

こうした伝統のある田端だけに、以前から一定の教育熱があった。さらに、近年では「安く住める山手線駅」ということで、マンション建設も盛んだ。これらの要素が集まって、田端エリア住民の学歴レベルは北区でトップクラス。地元環境が良い上に、都内の学校や塾・予備校に通いやすい田端が、子育ての街として一定の評価を得ている。

こう見るだけでも、エリアによってかなりの環境差があるといえる。

その北区は、教育委員会自らが「教育先進都市・北区」と称している。だが「北区教育ビジョン2015」などの資料を見ても「教育先進都市・北区にふさわしい〜」といった記述はあるものの、具体的な根拠を見つけにくい。これは、メディアでも取り上げられたことのない話題だ。唯一『東京新聞』2015年5月5日付朝刊に掲載された、4期目当選を決めた花川與惣太区長を紹介する記事の中で「教育先進都市」をめざす取り組みでは、「学校改築や小中一貫教育の推進を掲げ」と書かれているくらい。この花川区長、2003年の初出馬の時から一貫して「教育先進都市の実現」を主張してるが、北区の意識としては、どこかの時点で既に実現されているものになったようである。

だが「先進」と名乗る割に、北区の教育が、どこかで話題になったという話は聞かない。「北区教育ビジョン2015」では、2006年度から2014年までの「北区基礎・基本の定着度調査」の経年変化が記されているが、おおむね全教科で2006年に比べて達成率は上昇。すなわち、学力は向上していることがわかる。とはいえ、それをもって「教育先進都市」とまで掲げてしまうのは、ちょっと大げさ過ぎるように見える。北区よりよほど成果を上げている教育先進都市は、東京23区には他にいくらでもあるわけだし。

意外にいじめが問題化していた

とにもかくにも「教育先進都市」を称する北区だけれども、その内実は厳しい。とりわけ問題になっているのが、公立小中学校の老朽化である。

区立の小中学校の48校のうち、昭和30年代に建築されたものが15校。うち13校は建築後50年を経過しているという状況である。つまり、多くの小中学校が建て替え待った無しの状況なのだが、限られた予算ゆえ、順番に……ということになっている。

　建て替えにあたっては、大きな理想が掲げられている。まず、小学校では普通教室と多目的スペースを連続させた、オープン型の教室を採用。これは、従来の教師が板書をして行う画一的な授業よりも少人数やグループ別指導が展開しやすくなることを目指すものだ。

　このオープン型の教室というのは、具体的にはどういうものか。既に全国で導入を開始する学校も増えているが、従来の廊下があって、各クラスの教室が並ぶ構造から、廊下側の壁を取っ払ったものである。各教室は黒板の壁で仕切られてはいるものの、実質的にはブチ抜きのワンフロアだ。このスタイルのメリットとして、ほかの教室も含めて視線が行き届くので、管理がしやすく問題行動の監視もしやすいという。一方で、学級崩壊が伝染しやすいといった、デメリットも指摘されている。教室の仕組みが変わることで、授業のスタイルも根本的に変わるわけだから、教える側が対応できるかが、ひとつの課題となるだろう。また、中学校では、建て替えにあたって、特別教室を充実させることが目的とされている。どうも北区の方針の根本には、成績云々よりも、まずは学校を居心地を良くするという意志があるのだろう。

学校の居心地を良くする理由としては、北区が存外に、学校でのいじめが問題化していることが考えられる。「児童・生徒の問題行動等指導上の諸問題に関する調査」では2007年に小中学校で発見された、いじめの件数は114件。うち、指導によって88・5％が解消されている。これが2013年には、件数194件、解消率84・5％と悪化しているのである。それでいて、公立以外の中学校への進学率は2016年時点で19・3％と決して高い数字ではない。まずは環境に手をつけようと考えるのは当然のことだろう。

もう一つ、北区が小中学校の建て替えによる設備強化を図っている理由としては、将来の転用目的もあるようだ。北区では2013年時点で3万1493人だった0～14歳人口が、2033年には2万6314人まで減少すると見込んでいる。そのため、将来的には小中学校を地域の生涯学習施設として利用することも考えている。こうした施策によって、北区は子育て世代を流入させ、将来にわたって定着させようとしている。

【荒川区】――相次ぐ再開発で変わる下町

南部と北部が活発化する荒川

荒川区は、東京23区でもかなり地味な区だ。面積は狭いし人口は少ない。日暮里、西日暮里は有名だが、一般的な知名度としてはそれほど高くない。

区全体の学力レベルも、荒川区は決して高くない。また、子どもの教育に重要な役割を果たす住民の高学歴率は、足立区に次いで低い。

こうして見ると、荒川区が全体として子どもの教育、少なくとも有名大学に進学させせようという目的には適していないことは明白だ。だが、ちょっと視点を変えると、荒川区の教育環境は全く別の姿をみせる。

まず、長らく「東大合格者数ナンバーワン」の座を不動のものとしていた受験の名門、開成は西日暮里にある。まあ他に有名な学校がないので「あるだけ」

というのが実際のところだが、それは荒川区全域の話。元々、開成のある日暮里、西日暮里駅の西側エリアは、伝統的に荒川区の中では、かなり雰囲気の違う山の手エリア。ちょっと歩けば文京区だし、北区の田端も同グループで、要するに駒込・千駄木グループに属している文京区の仲間なのである。

さて、このことを踏まえた上で、荒川区の教育事情を詳しく見ていこう。

注目したいのは、荒川区の公立小中学校の状況。荒川区はほぼ完全な学校選択制をとっており、ほとんどの学校を選ぶことができる。2017年入学予定者の希望状況をみると、希望者過多で抽選となったのは、北部の尾久地区と南部の日暮里地区。受験に直接的な関係の出てくる中学校で抽選となったのは、北端の尾久八幡中、原中と、南部の諏訪台中だ。

このうち、通学区域内の申込者数をみると、受け入れ可能生徒数を超えているのは諏訪台中のみ。日暮里、西日暮里は近年再開発が進み、駅前にタワーマンションが建ち並びだした地域。元々の土壌に加え、新規住民が増えたことで、子どもの数が増えていることがわかる。日暮里エリアの新築マンションは5000万円クラスの物件が多く、比較的富裕層、つまり高学歴層の比率が上がっていることが予想される。

北部地域は、逆に足立区の再開発地域と同グループの、日暮里・舎人ライナー沿線エリアだ。この地域は、長らく鉄道不毛地帯で、都電荒川線は通っていたが、日暮里、北千住という主要ターミナルまで微妙に遠い不便な土地だった。これが、日暮里・舎人ライナーの開通で、日暮里駅を利用できるようになった。マンション価格は2000万円台中盤から4000万円台。2000万円台といえば、しっかりした人ならば年収300万円台でも買えるクラス。北部エリアは若いファミリー層にとって狙い目な土地となっており、今後も教育熱が増していくだろう。気軽に日暮里、山手線圏内に移動できるのだから、通学、塾・予備校へのアクセス状況も良好だ。

正直、開通前はそれほど期待感のなかった日暮里・舎人ライナーだが、意外や意外、予想以上の活況を呈している。今のところ、直接的な影響は荒川区内に留まっているが、今後足立区西部の沿線地域がさらに開発されれば、ターミナル駅日暮里のある荒川区がさらに活気づく可能性もあるだろう。鉄道の開通で、荒川区は教育環境も変わりつつあるのかもしれない。

中央部はもうこのまま変わらないのか

活発な北部、南部に比べ、子どもの数が減り続けているのが町屋など中央部。千代田線町屋駅の北東にある第五中は、受け入れ可能生徒数133人に対し、通学区域の生徒数が32人（2017年入学生）。文字通り壊滅状態だ。これが、ほんの数年前の2012年では通学区域で66人、区域外から39人を集め、抽選となっていた学校なのである。2017年でも区域外から20人の希望者がいるわけで、学校としての評価は決して低くないはずなのだが、それにもかかわらずこの有様。荒川区内の子どもの数の偏りは、かなりのっぴきならない状況となっている。

しかし、子育ての環境として総合的に考えた場合、荒川区という存在は、決して捨てたものではない。まず、荒川区は東京23区の中で、かなり「遅れた」地域である。この遅れたというのは、ただ単にビジネス街、繁華街として開発されなかったという意味で、旧来の下町をかなり強い形で残しているという意味だ。区域内の話を聞くと、荒川区では地域コミュニティがかなりしっかりしており、行儀作法に厳しい老人もまた多いという。「近所の小学生がしっかりと挨拶をする」という評判もある。

　つまり、衰退著しい中央部の町屋地区でも、さまざまな人々と顔見知りになり、地域コミュニティに参加するという教育においては、逆に有利となる。高層マンションだらけの「団地」エリアでは、こうした体験はできない。

　抽選に受かればという話だが、北部、南部の生徒数が多い活発な小中学校を利用することも可能だ。荒川区は狭い。越境入学といったって、せいぜいが徒歩30分程度。このくらいの距離を歩いて通っている生徒は荒川区外ならザラにいる。

　今後の荒川区はどういう発展を迎えるのか。今のところ、荒川区は南北の新開発地域にやってくるニューファミリー層と、下町情緒に魅力を感じる単身者、そして古くからの地元住民が住む土地だ。しかし、この状況は変化するだろう。日暮里、西日暮里に加え、ＪＲ常磐線の三河島駅にも大規模な再開発が始まっている。東京都の再開発は、自由に使える土地の多かった江東区、江戸川区などの臨海エリアで進んでいたが、その流れが今度は板橋、足立、葛飾など北部エリアに移ってきた。その中に荒川区も含まれるわけなのだが、立地的にはより都心に近いのが荒川区だ。つまり、価値が高い。この調子で進んでいくと、今は衰退している町屋地区にも開発の手が伸びるだろう。なんと言っても、千代田線がある。開発の条件としてはこの上ない。

そう考えると、高齢化の進んでいる旧来の下町住民はいずれ居なくなり、荒川区が都心至近の高級住宅街となる可能性もある。もしそうなってしまったら、住宅価格の高騰は避けられないだろう。

ならば、まだまだのんびりした空気が残り、値段も高騰していない荒川区は、今狙うべき「穴場」といえるかもしれない。また案外見逃されがちなのが南千住駅だ。メイン路線が常磐線なのでマイナー扱いされるが、日比谷線、つくばエクスプレスの乗り入れ駅であり、十分に便利だ。日比谷線を基準に考えるなら、三ノ輪駅も徒歩圏内だ。このエリアも近年急速に再開発が進み、昔の「泪橋」の寂れた雰囲気はもうほとんど残っていない。抽選こそ行われていないが、近隣の南千住第二中は受け入れ可能生徒数133人に対し希望者が166人。このエリアにも、子どもは確実に増えている。

【板橋区】――貧困層激増で教育環境悪化

貧乏人が次々と集まってくる街

板橋区という土地は、23区の中でもディープな土地である。北は埼玉県に接しているとはいえ、山手線の一大ターミナルである池袋はすぐそこ。場所によっては、電車で4分で池袋駅に到着できる。ゆえに、都心ではないけれども、そこそこ便利のよい地域だ。とりわけ、JR埼京線の板橋駅周辺は、高層マンションが次々と建設されている。埼京線といえば首都圏における「痛勤」の象徴的な路線だけれども、渋谷駅までが20分圏内という利便性には見るべきものがある。この駅に限らず、区の南半分くらいは、帰りが遅くなっても終電で池袋駅までたどり着けばなんとかなる感がある。

また、街が便利である。もともとは、宿場町である板橋宿から発展していった地域。そのため、街全体に風情がある。安いスーパーもあれば、個人商店も揃っている。やたらと100円ショップも多い。とにかく、暮らしやすい地域であることには間違いない。けれども、それは板橋駅のほか東武東上線の大山など、昔ながらの板橋に限られる。他に、新興地域といえる小竹向原駅周辺は、東京メトロ有楽町線など路線数が多いこともあってか、新住民には人気の土地だ。同じく新興地域といえる東武練馬駅も駅前にイオンがある利便性ゆえにか、新住民に人気の地域になっている。

でも、板橋区は、そんな暮らしやすい地域ばかりではない。なにせ、この街には光と影が混在しまくっているからだ。とりわけ、高島平など西北部は地元民の評判は悪い。そもそもが、板橋区というのは、全国各地から東京に集まってくる労働力を定住させるために開発された地域。中心部には、確かに昔ながらの街があるとはいえども、新住民も多い。2016年度の私立・国立中学校への進学率はワースト4位の15・1%。このことは、板橋区が教育熱心さという点では、かなり欠けていることの証だろう。

そんな板橋区であるが、近年流れ込んでくる新住民は、次々と建設されるマンションを購入する中間層よりも、低所得層のほうが多いという。理由は、前述したような交通の便のよさ。都心に向かっていくつもの路線がある割に、豊島区や文京区に比べて格段に家賃が安いというのが理由である。そんな板橋区では、就学援助を受けている児童・生徒も多い。就学援助とは、具体的には給食費や修学旅行などの費用、さらには学用品から卒業アルバム購入費などを自治体が援助をする仕組みである。文部科学省の調査によれば2013年度で、板橋区は援助を受けている率が全体の35%未満とされている。これは、足立区の40%未満に次ぐワーストである（文部科学省のデータは、5%区切りで公表）。

もはや、現在では、足立区が貧困といっても「ああ……」と思うだけだろう。それと近い数値が、より都心に近い地域でも起こっているのである。板橋区の2015年度の予算では、教育費が全体の12・6%なのに対して福祉費は58・7%を占めている。つまり、貧困層が増加したことによって、福祉費も増えて教育云々どころではないというのが、板橋区の実情だといえる。

こうした板橋区の実情を取材した『AERA』2015年12月14日号の記事

によれば、学校は崩壊し、児童館が縮小されたため放課後も居場所がなく、街にたむろっている子どもが増えていることを指摘。さらに、そうした子どものたまり場になることを排除するために、駐車場などにモスキート音を流れるようにしているマンションも増えているという。

実際、板橋区を歩いていると、塾や習い事に行くでもなく、遅い時間まで子どもがたむろっている地域が点在している。いずれ、こうした子どもが不良化していくであろうことは容易に想像ができる。そうした貧困層の悪循環をふせぐために、福祉でなんとかするという対処療法で精いっぱいというわけである。

しかし、金を出しておけばなんとかなるという問題ではない。『読売新聞』2014年8月1日朝刊の記事によれば、板橋区が2006年度に調査したところ、生活保護を受給している家庭の中学生449人のうち、不登校になったのは11・5％の52人であったという。対して、生活保護や就学援助を一切受けていない家庭では不登校になった中学生は2・4％であった。つまり、貧困家庭に育った子どもは、将来の夢も希望もなく、学校に通うこともなくなっていくという厳然たる事実が存在するわけだ。

携帯をいじってるしかない子どもたち

こうした生活状況の悪さによる、負のスパイラルが起こっていることが東京都の「生活・運動習慣等調査結果」には見事に表れている。板橋区の中学3年生男子で見ると、一日のテレビ視聴時間は1~2時間が33・4%で最多。携帯等視聴時間は1~2時間と3時間以上が28・2%で同列である。テレビ視聴時間は、どこの区でも1~2時間、携帯等視聴時間も1~2時間が最多である。だが、ここで見るべきは毎日3時間以上も携帯等(なのでパソコンも入る)を見ている中学三年生男子が28・2%も存在していることである。同項目を見ると千代田区15%、港区21・1%、文京区13・6%という数値である。つまり、板橋区では、中学三年生だというのに勉強もせずに、毎日ずうっと携帯をいじっている中学三年生が、ほかの区よりも多く存在していることがわかる。

2015年に板橋区教育委員会が作成した「いたばし魅力ある学校づくりプラン」では、今後の公立小中学校のビジョンを記しているが、これも貧困層への対策には欠ける。「高機能・多機能で、授業の場として整った教室環境」「教育ICT化への対応」などの言葉が踊っているが、いま板橋区でやるべきは、そんなことではないはずだ。

もはや、貧困地域であることを潔く認めて対策を行って効果を示しつつある足立区。それに対して、板橋区は貧困地域であることを決して認めない。そのプライドがある限り教育格差の下位が定位置になってしまいそうだ。

ただ、板橋区がすべて貧困地域かといえば、そうでもない。都営三田線の志村坂上駅周辺の小豆沢エリアは、板橋区の中でも例外的に文教地区となっている。このエリアには、芝浦工業大学の付属はじめとした私立校も点在。さらに、三田線を使えば都心の名門私立校に通いやすい点も、教育を重視する家庭には評価されているようだ。また、東武東上線の成増駅周辺も、貧困のイメージはない。街の雰囲気は、ほとんど埼玉県みたいなのだが、それもあってか東京23区内でありながら、住宅の値段は比較的安い。近年は、マンションも次々と建設されていて、それに呼応するように駅周辺には大手の塾も増えているのである。このように、板橋区というのは住む場所によって、学問の価値が大きく変わる地域といってよいだろう。全国的に階級化・階層化の危険が叫ばれる日本において、板橋区はそのひとつの典型と化しつつあるのかもしれない。

【練馬区】――注意点を守れば教育環境は優れている

都内有数の名門を抱える練馬区

練馬区のイメージとはなんだろう。よく言われるのは、東京23区なのに畑ばかりの田舎町、漫画家やアニメの制作会社が多いといったところ。畑はずいぶんと減ってしまったが、今も一定数は残っているのでこれらはおおよそ正しいといえるだろう。

教育面に関しては、案外年代によって違う。現在の40代後半から50代なら、中学校から不良が多い荒れた地域というイメージを持っている人もおり、そうした時代があったのは事実のようだ。もう少し下の40代前後だと、都立西高校を筆頭に都内ナンバーワンを誇った旧第三学区（中野、杉並、練馬）の中で、あまり目立たない地味な区となる。現在は、全般的におとなしい子どもが多いという話を良く聞く。

良くも悪くも地味な田舎と思われている練馬だが、区内の学校を見ると、実はかなり高い実力を持っていることがわかる。練馬区のトップ2は、東の武蔵（私立）に西の早稲田大学高等学院だ。この東西横綱は、都内の中学・高校受験の上でもトップオブトップの存在。片や東大合格率の頂点を争う進学校、片や名門早大直系の100％大学に進学できる付属である。

また、これまた大学受験レースの先頭グループに名を連ねる大泉の国立学芸大学附属の小中学校（東京学芸大学附属大泉小学校、東京学芸大学附属国際中等教育学校）。ほぼ小学校からの一貫校で、学芸大国際は中高一貫となっている。ただ、小学校から国際への内部進学はなかなか厳しく、学校の勉強について行くだけでかなりの受験対策になるタイプである。

しかし、学芸附属は多くが小学校から、武蔵は中学校からの入学なので、どうも地元との関連性の低い「別世界」的な感覚があり、また元々高校からのみだった早高院も各地から優秀な生徒が集まってくる学校であるから、これもちょっと別世界だった。これだけの有力校を擁しながら、練馬区と教育のイメージがあまり結びついていないのは、これが原因といえるだろう。

学習塾の配置でわかる練馬区の教育熱

区内の名門校と地元の関係は薄いが、近年の練馬における教育熱は高い。光が丘、大泉、石神井、関町の各エリアは、それぞれ学習環境が優れているといわれている。

これは、学習塾の配置を見ると、確かに実証できそうだ。光が丘の子どもは練馬のサピックス。大泉、石神井は早稲田アカデミー、関町は吉祥寺に出て東進といった感じで、各地に有名進学塾・予備校がある。特に新興住宅地である光が丘の教育熱は高く、中学受験に特化したサピックスがこの場所を狙って開校していることからも、小中学校受験を目指す親が多い土地のようだ。

これに対して、西部の大泉、石神井、関町は、どちらかというと杉並区と似た感覚で、公立中学校から都立トップの西高校に進学という伝統が残っている地域だ。同じ練馬区内で子育てをするにしても、子どもの想定進学ルートによって、住む地域を選択できるというのは、一種利点といえるのではないか。

杉並区よりも練馬は狙い目

マンション相場を見ると、実は練馬区はかなりの狙い目地域だということがわかる。旧第三学区で比較すると、杉並区は約5744万円、中野区は約5516万円だが、練馬区は約4234万円とかなり安い。高校まで公立で有力大学を目指すことを考えると、旧第三学区の練馬区はかなり有利だ。

ただ、エリアとしては有利だが、交通網の事情はあまりいただけない。練馬区が長らく田舎呼ばわりされていた大きな理由として、主要な鉄道網が事実上西武線しかないことがある。距離的には近い中野、杉並の学校に通うにしても、電車なら池袋、新宿経由。バスなら乗り継ぎが必要となる。

とはいっても、体力がついてきた高校生ならば1時間程度の通学はさほどの問題ではない。中学まで公立で、という考え方なら、有力都立を含めた複数ルートを選択できるといえるだろう。

これらを総合して考えると、練馬区は子どもの進学ルートについて、かなりしっかりしたイメージをもっている家庭なら、有力な選択肢となる。

具体的にはこうだ。まず、小中学校からの受験を考えるなら、サピックスなど有力塾に通わせつつ、まずは地元の学芸、武蔵を目標とする。この場合、光が丘は周囲の受験熱に影響されて、子どものやる気を促す土地となるだろう。

中学までは公立で、と考えているなら、大泉、石神井などの西部が適している。これらの地域は吉祥寺、西荻窪への直通バスがあるため、近所も含めて多数の塾・予備校を選択できる（自転車でのアクセスが可能な地域もある）。マンション相場にみる「浮いた1000万円」を投入するに足る塾へ子どもを通わせやすい地域なのである。

公立の小中学校の情報はこまめにチェック

このように、教育面からみると安くてうまいのが練馬区だ。しかし、公立小中学校の事情はしっかりとチェックする必要がある。

他区の事例を見るに、公立の小中学校でも評判の良い学校、悪い学校はある程度伝統的に固定されている。しかし、練馬区の情報を見ると、他区に比べ頻繁に評判が変わっているように見える。筆者が実際に練馬区で子育てをしている親を取材したり、ウェブ上の掲示板をチェックしてみた限り、特に変化が激しいのは大泉エリアのようだ。もちろん、公立の小中学校なんてものは、学年にひとりふたり「問題児」がいるだけで「荒れる」ものだ。前年までの評判など、それほど当てにできるものではない。

ただ、教師の質の上下で進学成績を含めた学校のレベルは激しく上下することも事実。激しい少子化の流れから、一転して子どもの増加に転じた東京23区では、強引に教師を増加させなければならない状況にある。以前に比べ、玉石混淆具合は激しくなっているのが実情だ。教師の評判については、ある程度判断材料として使えるだろう。

こうした状況下で、公立の小中学校に伝統がない、もしくは伝統が失われてしまった練馬区では、学校の人気が乱高下しているのかもしれない。子どもの進学に際しては、やはり近年の人気、評判をチェックした上で学校を選択した方が、多少なりとも良い環境を子どもに与えられそうだ。

【足立区】――まだクーラーのない教室も！

学力の底上げには成功したけど

さて、足立区である。筆者は、これまで『地域批評シリーズ　東京都足立区』で正続の二冊。さらに、加筆修正した文庫版でも、徹底的に足立区を論じてきた。最初に足立区の取材を始めたのは、2006年の秋頃である。この頃の足立区のイメージは酷かった。『文藝春秋』2006年4月号に掲載された佐野眞一の「ルポ　下層社会」。これをきっかけに、足立区に、これまで日本には存在し得ないことになっていた下層社会が存在していることが知られ、俄然注目を集めるようになったのである。「地域批評シリーズ」の出版前後から、実話誌などからも依頼を受けて、様々なディープスポットに足を運ぶことは、たびたびあった。そうした中でも「おいしいネタ」としてウケて、幾度も潜入したのは、竹の塚のテレクラだ。21世紀だというのに、鳴り続ける電話。そのへんの主婦……というより、オバサンが見知らぬ男と路上で待ち合わせて、ホテルへ直行する光景。それが、当たり前のように繰り広げられていた。路上での待ち合わせ場所というのが、なにか規則でもあるかのごとく、団地の入口付近の駐輪場。子どもも老人も行き交う通りで、「援助交際」の男女が待ち合わせる。それが、真っ昼間から行われていたのである。最近、ネットスラングの一種として用いられる機会が増した「闇が深い」という言葉がぴったりの光景。それが、足立区の日常だったのである。

加えて、東京都が2003年度以降に実施した学力テストで最下位常連ということが、足立区＝悲惨という図式に拍車をかけた。なにしろ、2007年には、区教委が問題を校長会で事前に配布し、一部の小学校で、テスト中に答えが間違っていた場合に、教師が指で指し示すなど、堂々と不正を行っていたのに最下位だったのである。この背景には、足立区の教育行政の迷走があった。まず、足立区では2002年から小中学校で学校選択制を導入。そのため、学校選びの判断材料として、各学校ごとの学力テストの結果を公表していた。そこに加えて、２００３年度での悲惨な結果を受けて２００７年からは、各校の成績の伸び率に応じて予算配分を反映させる仕組みを導入。その結果、小学校で２００６年度に最高額と最低額が約２００万円だった「特色ある学校づくり予算」の差が、２００７年度は約３０００万円に広がった。不正があった小学校には、昨年度に比べ2倍近い約３７０万円の配分があったという（「朝日新聞」２００７年10月21日付より）。ちなみに、エスカレートした教師が本気の指さしで間違いを教える不正を行い、その小学校は、２００５年度の学力テストが72校中44位だったのに２００６年度にはいっきに一位になったという。結局、校長は都教委から解任されて「研修」を受けることになったというが、ここまでやったらバレバレだと気づかなかったのか？　いや、そこまでしなくてはならないプレッシャーがあったに違いない。

　これを契機として、足立区の教育の方針は大きく変化した。大ざっぱにいえば「どうしようもないバカをつくらない」のが、基本である。いわば、品川区とは真逆というべきものだろう。品川区の場合＜よい＞＜ふつう＞＜もう少し＞の三段階があるとすれば、様々な独自のカリキュラムを導入し＜ふつう＞よりも上の階層に主眼を置き、現代社会におけるエリート層を養成しようとしているる風にみえる。そのために激しい競争を、学校ごとにさせているわけである。対して、足立区は〈もう少し〉を減らすことが最大の目標である。

例えば、区内の弘道第一小学校では毎週水曜日と木曜日に「モーニングスクール」を実施。これは、午前7時30分から補習授業を行うというものだ。朝から授業を行うような施策は、ほかの地域でも行われているわけだが、これもやはり学力の底上げが目的だ。足立区教育委員会の作成した「足立区における学力調査結果の活用について」では、この小学校で行われている施策が記されているが、2年生以上に年間3回の「かけ算九九検定」、年間50回以上、「日記・作文」の宿題を出す。「漢字検定」を行う。さらには、前学年の算数を理解しているか確認して補習を行う「さかのぼり検定」など、とにかくハイレベルな目標値を設定せずに、最低限の学力を持たせる工夫が行われている。

やっぱり金はない足立区

こうした学力の底上げに重点が行われているのは、それだけのヤバさがあるからだ。足立区の「子どもの貧困対策実施計画案」によれば、足立区の就学援助率は、2012年時点で国の平均15・6％をはるかに超える37％。すなわち、多くの子どもが学用品すらろくに買えないわけである。そんな家庭に育っている子どもが、自分から最低限の学力を持っておく必要性に気づくのは難しいというのが、これまで見てきた現実だ。これに対しては、とにかく目標値を低く設定して達成感を与え、次のステップに進ませることが、現在の足立区のやるべきことなのである。

この思い切りのよい底上げのための施策によって、足立区の学力は確実に向上している。2016年度の「足立区基礎学力定着に関する総合調査　調査結果報告書」によれば、学力テストの結果は目標値、全国平均値をともに上回っており、足立区の学力は確かに向上している。とはいえ、学力の向上が、即、貧困問題が解決しない以上、まだまだ苦難の道は続きそうだ。

貧困という点では、足立区そのものも、あまり教育予算が豊かではないことも記しておかなければならない。例えば、中野区では2016年2月に就学援助世帯の中学三年生が、学習塾などの講師による指導を無料で受けられる学習支援事業を拡大するなど、多くの予算を割いている。対して、前述の足立区の学力の底上げは、学校ごとで判断して実施しているもの。元来、東京都の教職員の間では足立区は渋谷区とならんで校長が強権的な気風があるという（理由はまったく不明だが、複数の証言があるので多分、事実）。なので、優秀かつ豪腕を奮う校長がいる小中学校では、次々と、新たな取り組みが行われて成果がでる。一方で、そうでない学校では、成果はいまいちということになる。

さらにビンボー加減が露骨に表れるのは、教室のエアコン。文部科学省が3年に一度実施している「公立学校施設の空調（冷房）設備設置状況調査の結果について」によれば、2014年時点で東京都は普通教室で99・9％、特別教室で65・4％と全国でトップのエアコン設置率を誇っている。特別教室の設置率が低いのは、普段使わない教室には設置していないためのはず……だが、足立区の場合、使用率の高い音楽室や図工室にもクーラーを設置できていないのだとか。そのため、夏になると灼熱の中で子どもがリコーダーを吹き、粘土をこねているという。少々のバカでも決して見捨てはしないのが足立区の優れた点だが、他区並みの環境の整備も、合わせて急いでもらいたい。

【葛飾区】——下町すぎて勉強はイマイチ

唯一金町だけが輝いている

葛飾区は、23区の中でも「秘境」と呼べる地域である。なにしろ、大都会東京の中にあって「発展」に乏しいのだから。近年、変化が起きているといえば京成押上線の高架化であろう。現在、四ツ木駅から京成立石駅を経由して、青砥駅までを2022年度をめどに高架化しようとする事業が進んでいる。これに併せて、京成立石駅周辺では再開発の検討も本格化。現在の昭和な雰囲気溢れる駅周辺や商店街を大改造して、近代的なビルを建築する目論見なのだとか。早い話が、近隣の京成曳舟駅周辺で行われた再開発を、京成立石駅周辺でもやろうということである。ただ、京成立石駅周辺は、ディープな商店街こそが魅力。最近は「大人の隠れ家」なんて言葉に弱そうな中高年が、電車を乗り継いで一杯飲りに来る街になっている。もちろん、それだけではないが、実際に再開発が行われるかは不透明。よしんば、再開発が行われたとしても、当初の計画通りになるかもわからない。

　東京23区の多くの地域が、2020年の東京オリンピックを目安に、様々な開発に着手しているのが現在。動きの早い他区に比べ、葛飾区は出遅れ気味だ。とりわけマンションなんて、出遅れた場合には、供給過剰になる危険性もある。完成したはよいけれど入居者が集まらず売れ残り続出なんてことも考えられる。

　もしも、今後葛飾区に移住を考えていて、教育格差を気にしているのであれば、このあたりの危険性も忘れないほうがいいだろう。

　そんな葛飾区の中で、注目したいのが金町である。そもそも、亀有や柴又に比べて知名度の低い地域だった金町は、大規模な再開発が既に行われて、どこもかしこもが下町な葛飾区にあって、特異な地域となっている。最初に再開発が進んだのは、JR金町駅の南口。商店街や図書館、カルチャーセンターなどとマンションが入居するヴィナシス金町が誕生したことで、街の風景はガラリと変わった。さらに街を変えたのが、2013年に三菱製紙の工場跡に誕生した、東京理科大学の葛飾キャンパスである。このキャンパスの登場によって、街の住人そのものも変容を見せた。いわば、街が若返ったのである。東京理科大学のキャンパスは、隣接する葛飾にいじゅくみらい公園と一体化していて、妙にオシャレな郊外の雰囲気を醸し出している。これらの効果によって、金町は葛飾区でも唯一といってよい「文教地区」となっているのである。この、葛飾にいじゅくみらい公園の周辺には、タワーマンションの建設も進んでおり、明らかに別世界となっているのだ。

こうして急激に増えた人口。需要に対応するかのように、金町周辺では塾の看板も目立つようになってきた。本来、金町に移住してくる人々が考えるのは、都心への利便性である。少々離れているとはいえ、常磐線で一本で都心にアクセスできるのが、移住者たちに選ばれる理由だ。そして、教育面では隣駅の松戸駅の存在も大きいようだ。東京のベッドタウンとはいえ、千葉県のメインターミナルである松戸駅は、金町とは比べものにならない繁華街であり、大手から中小まで塾が揃っている。つまり、子どもの塾選びには困らない街になっているといえるだろう。

小中一貫校の意図がわからない

そんな葛飾区では、小学校から学校選択制を導入すると共に、2011年以降新小岩学園と高砂けやき学園のふたつの小中一貫校を運営している。葛飾区では、将来的に5校の小中一貫校の開設を目指しているが、この運営は少々奇妙なものである。これは、新たな学校を建設するとかではなく、隣接した小中学校を、そのまま使用するものだ。どちらも「学園」と名がついているが、小中学校の名前も、そのまま残っている。新小岩学園は、松上小学校と新小岩中学校。高砂けやき学園は、高砂小学校と高砂中学校から成り立っている。似たような施策を行っている品川区では、独自のカリキュラムを設けるなど、大々的にアピールをしているのだが、葛飾区の場合には、小中一貫にしてなにをやりたいのかが、はっきりとは見えてこない。目に見える形で行われているのは、小学校段階から制服としてブレザーを導入したこと。これまで制服が指定されていなかっただけに、導入以来、とまどいは続いているという。また、葛飾区では、このほかにも将来的に小中一貫校にすることを見据えたモデル校を年度ごとに指定。一年単位で教員や児童生徒の交流を行ったりする実験を行っている。ところが、ここでも校舎は近いが、本来の学区域が隣接していない小中学校をモデル校に指定したりして、区民からは不評だという。

このように、葛飾区の小中一貫校の新設は、今の段階では「ブームに乗ってやってみました」感がぬぐえないのが実情である。そもそも、葛飾区においては学校選択制も存在意義があるのかが問われる事態になっている。2016年度の小学一年生の状況を見ると受け入れ可能人数に対して、就学希望人数が超過したのは、49校のうちで、わずかに5つの小学校だけである。それも、ほぼどこの小学校も10人未満。唯一、中青戸小学校が受け入れ可能人数100人に対して希望者数が127人になっただけ。ただ、実際に4月に入学したのは95人と、事実上の定員割れを起こしている。どこの区でも、隣接する小学校のほうが評判がよければ、そちらを選択してみる傾向が存在する。葛飾区も同様なのだが、より本来の学区域の小学校に通う傾向が強いように見える。そうした中で、注目したいのは東金町小学校。この小学校、本来の学区内の入学予定者数が55人、受け入れ可能人数は65人用意されているのに、選択希望で学校名を書いたのは、わずかに19人なのである。この小学校、JR金町駅の北口にある、周囲を高度成長期以降に建設された団地に囲まれた小学校である。同じ北口にあっても、文教地区となっている東京理科大学周辺とは、まったく雰囲気も違う一帯の小学校だ。とはいえ、古い団地なのだから、既に数世代が暮らして地縁も血縁も存在しているはず。なにか、ただならぬ自体が起こっているのだろうか……？

そんな奇妙な葛飾区で、名門小学校とされるのが、JR金町駅の南口にある金町小学校である。この小学校、地元の人に聞くと「半分くらいが中学校受験」をするという名門校なのだとか。ただ、名門という割に2016年度の受け入れ可能人数65人に対して希望者数は64人というのが実情。葛飾区の2016年度の私立・国立の中学校への進学率が13・3％であることを見ると、そもそもが中学受験に熱心な家庭に乏しいということだろう。

下町ということもあり、物価も安くて街全体の雰囲気も落ち着いている葛飾区。とはいえ、教育の面では、ほとんど優れた点がないようである。

【江戸川区】――一部のエリアは教育に最適

区立御三家の一角は江戸川にあり

区全体としては、江戸川区の教育環境の評価は低い。だが、葛西エリアに限っては、逆に都内屈指の教育エリアとなっていることをご存じだろうか。

受験を主眼に置いた学校の評価では、やたらと「御三家」の言葉が使われるが、区立中にも御三家がある。それは千代田の麴町、文京の第六、そして江戸川の清新第一。なんと、区立中屈指の実力校が江戸川区にあるのである。

また、例えば都立の雄、日比谷高校の合格者を見てみると、葛西第三中は清新第一中と遜色のない結果を出している。その他、西葛西中、葛西第二、清新第二など、葛西エリアの公立中が顔を見せ、この地区が全体的に高い学力を誇っていることが見てうかがえる。逆に、それ以外のエリアでは、小岩第一中、小松川第二中、鹿骨中が人気校といわれるが、少なくとも日比谷合格を基準にみると、葛西地区に比べずいぶんと遅れをとっているようだ。

日比谷、西といった都立高は、今や有名受験校である国立中からの入学者も出ている人気校だ。一時は堕ちた名門呼ばわりされていたが、現在の「基準」としての利用度は高い。つまり、清新第一中の学力は本当に高いとみていいだろう。

清新第一中を中心に動く江戸川区

清新第一はすでにブランド校となっている。葛西といえば長期に渡って大規模なマンション開発の進んでいるエリアだが、なんと「清新第一の通学圏」をセールスワードに使った新築マンションもあったらしい。

確かに、公立小中の場合、学校選択制はあるにしても、その学区域に住んでさえいれば自動的に入学できる。中学受験の対策費に多額のお金を使うくらいなら、それを「清新第一の学区域に引っ越す」ことに当てるのだって、立派な作戦である。

当然、そんな人気校があるのだから、小学校もその近辺が人気となる。まさに、江戸川区の学校事情は、清新第一中を中心に回っているのである。

もうひとつ、葛西エリアの利点に、どの学校も生徒数が比較的多いことが挙げられる、清新第一中は学年約150人の基本4クラス（他に特別支援学級）で、2016年入学組は5クラス190人。西葛西中は学年約260人と非常に多い。生徒数が多ければ多彩な部活動ができるし、性格や趣味の合う友だちを見つける確率は高くなる。昨今は少人数教育がもてはやされているが、人数が少ないと「合わない」危険性は高くなる。人数が多くても「結果」が出ているのだから、レベルは高いと言うことなのだ。

ニュータウンの成功例

こうした葛西エリアの状況は、正しいニュータウンの発展例といえる。ニュータウンと言えば、一気に開発が行われ、ほぼ同世代の人々が入居、30年もすれば高齢者しかいないという「ニュータウン病」を患ってしまう例が多い。しかし、葛西はなぜそうならなかったのだろうか。

答えは、清新町、臨海町が、埋め立てでできた完全に新しい土地であることに求められる。葛西沖の埋め立てが始まったのは1972年。件の清新第一中が開校したのは1983年だ。埋め立ては時間がかかる。2004年頃まで30年をかけて段階的に土地が広がっていった結果、段階的に居住者が増えていったのだ。その結果、ニュータウン病の症状が出づらい土地になったわけだ。

また、東西線という強力な都心部への通勤手段があるおかげで、都心部に務めるサラリーマン層を呼べたのも大きいだろう。

今後の葛西の狙い方

しかし、既に開発も一段落した葛西エリアは、これから引っ越しをするにはあまり条件の良い場所とはいえない。2016年時点における新築マンションは、船堀、葛西エリアに集中しており、清新第一中、西葛西中の学区域である西葛西エリアの物件は少ない。つまり、学力に定評のある西葛西エリアに居住することは、今や難しくなってしまっているのである。

人気の公立校は、越境入学をすることが難しい、では、中古マンション相場はどうかというと、これも厳しい。現在中古物件の中心は、1980年代中盤に建てられたものが多い。丁度、「第一次入植者」が高齢になり西葛西を引き払った結果だろう。しかし、築30年クラスにもかかわらず、購入価格は4000万円台。4000万円も払えば、東京23区西部エリアで小さな一戸建てが買えるし、江戸川区の新築マンション相場が約4500万円なのだ。あまりにもアホくさい。

これが賃貸となると話が変わってくる。西葛西で子育てに適した3DK以上の物件の賃貸料は10～15万円程度。4000万円台の35年ローンだと、ボーナス別で、月13万円程度の支払いとなる。今後清新第一中や西葛西中を中心に考えれば、子どもが中学校を卒業するまでの10年程度を西葛西の賃貸で過ごし、その後は好きなところに住んだ方が利口というものだろう。

また、西葛西の教育レベルが高いといっても、せいぜいが30年程度の歴史しかない土地だ。マンション開発で西葛西のレベルが上がったのならば、現在もマンション建設の進む葛西や船堀にトレンドが移る可能性もある。今後西葛西は廃れていくという予測もできるだろう。

さらに、西葛西には第二次開発ラッシュがやってくることも考えられる。一般的に、マンションの寿命は30～40年といわれている。技術の進歩で現在はもう少し長くなっているだろうが、西葛西のマンションは、1980年代初頭に建てられたものも多い。あと10年もすれば建て替えラッシュが始まる可能性はあるだろう。

総合的に考えると、とりあえず10年程度の予定で西葛西の賃貸マンションに住み、建て替えラッシュが始まったら「近所に引っ越し」というコースが、有名中学校を利用できる賢いプランとして考えられる。できれば、親は子どもが生まれ育った土地に残っていて欲しいものだ。また、葛西からなら都内の働き先へのアクセス条件は良好だし、広めのマンションを買って二世帯居住も狙えるだろう。そうすれば、老後の世話も見てもらえる。

区としてのイメージはあまりよろしくない江戸川区だが、有名公立校をキーに考えると、実は東京23区の中でもかなり条件が良くなる。こうした考え方も、現代に子どもを育てる親としては、必要になるのではないだろうか。

家族に合った街はどこかにある

最適な解答を見つける

東京23区それぞれの教育環境をみてきたが、いかがだっただろうか。もちろん、それぞれの全てをお話できたわけではないが、おおよそのイメージと、現在注目されているトピックを、いくつか確認してもらえたと思う。

このように、どの区にも個性がある。一般的に教育環境が良いとされる都心部や西部地域でも、自分の子どもに合っているかどうかはわからない。区全体の成績が悪くても、場所によっては都内トップランクな場所もある。

また、収入と生活費、住宅費、教育費のバランスをとることも重要だ。各地の情報を総合的に判断し、また実際にその場所を見に行って、親と子、双方に最適な場所を探すことも、重要な「受験対策」になるのではないか。

5章

教育格差に打ち勝つ

手厚い教育をお金の面から考える

教育に適した地域は高い

これまで住む地域とお金の面から東京23区における子どもの教育を考えてきた。しかし、見れば見るほど大変だ。第2章で見たように、本格的な受験年代となる中学生以降、どんな選択肢をとったとしても、子どもひとりの養育費はトータルで2000万円近くのお金が必要だ。幼稚園や小学校も加えるとおよそ3000万円に上るというのが、東京23区で子育てをするということの現実なのである。

この金額を考えると、いくらJR中央線や東急田園都市線エリアが教育に適したエリアだといっても、これらの地域は他の地域に比べ地価、家賃、生活費が高い。無理をしてこれらの地域に住むことで、学費や受験対策費が足りなくなってしまうかもしれない。

しかし、いくら教育費をかけても、肝心の子どものやる気を喚起できなければただの無駄。教育に適した地域というものは、つまり周辺の環境、学校の友だちなど「それなりに勉強するのは当然でしょ」という空気があるわけで、特にガミガミ勉強しろと言わなくても、自然と子どもが努力しやすくなるわけだ。逆説的だが、多少塾などの経費を削っても、子どもの学力が伸びやすい地域を選ぶべきとも言える。

結局、このバランスの問題ということになる。お金の確保と教育に適した地域。どちらも満たせるに越したことはないが、一部の富裕層を除いてほとんどの人が収入を減らしている二極化の時代、二兎を追わずに済む方法を考える必要もあるだろう。

城東地域が今後の狙い目

では、まず基本の生活費を削った上で、私立校や受験対策費を豊富に確保する方法を考えてみよう。

この考え方に則ると、教育環境が悪いとされていた東京都の東部地域、その中でも近年マンション開発が盛んな板橋、足立、葛飾などが狙い目だ。第2章で見たように、大学受験までの総経費を考えると、中学校から私立校へ通わせることで、トータルの経費を抑えられる可能性が生まれる。

そうなると、受験を主眼に置いた子どもの教育としては、環境の善し悪しが影響を与えることが少なくなる。いくら受験をするといっても、私立中学を受けるのは小学生だ。早い時期から塾に通わせるなど、手厚い対策は必要だろうが、子どもの頃から将来に見切りを付けていたり、不良化したりして、受験に対するやる気に「悪影響」を与える周囲の子どもは少ないだろう。

また、これらの地域の教育環境はかなり変化しつつある。相次ぐマンション開発で、今までの住民層とは雰囲気も考え方も違う住民が増えている。また、2007年頃に教育不毛地帯のレッテルを貼られてしまった足立区を筆頭に、かなり強力な公立校の教育環境改善策が実施され、状況はかなり改善された。

さて、こうした事情を踏まえた上で、金銭面の比較をしてみよう。新築マンションの地域ごとの相場を公表しているウェブサービス「マンションエンジン」によると、東京23区の平均坪単価は約293万円。平均面積は約59平米なので、おおよそ20坪。平均価格は約5262万円となっている。

これが東部地域になると、平均価格は足立区が約3536万円、板橋区が約3960万円、葛飾区が約3813万円となっている。ちなみに中央線エリアの杉並区は約5744万円、田園都市線の通る世田谷区は約6027万円だ。

仮に、子どもの小学校入学と同時にマンションを購入するとすれば、教育エリアを避けることで、いきなり1000万円以上の「節約」が可能になるということだ。私立小学校の費用が6年間で800万円以上かかっていたが、考えようによっては、これらの地域に住むことで、その費用を「確保」することも可能。私立志向の強い家庭なら、住居費を抑えて学費に回す、という選択肢は、かなり有効だ。

安泰とは言い切れない「教育エリア」

転じて、教育環境の評価が高い中央線、田園都市線エリアの現状と今後はどうだろうか。

まず、中央線エリアにおける問題は「安定感はあるが、引っ越しが難しい」というものが考えられる。中野区や杉並区、世田谷区などは、戦前から住宅地としての開発が進んでいた地域で、一戸建て志向の強い地域だ。一気に多くの移住者を受け入れるためのマンションの絶対数が足りない。それ故、マンション開発地域の世田谷区二子玉川地域が人気なのである。

ただ、100年の中流地域としての伝統はかなり確固たるものとなっており、お話ししてきた「学習に適した空気」は、当面変化はしないだろう。

もうひとつ。東京の西部地域は、庭付きの一戸建てが多く、自然環境としては優秀だ。だが、反面東部地域にある河川敷のような広いスペースは多摩川に近い世田谷区の南部地域を除いて少ない。子どもが野球やサッカーなどを思いっきり楽しむことは非常に困難で、受験勉強以外の教育環境はあまり良くないともいえる。つまり、たまたま自分たちの気に入るマンションや一戸建ての物件を見つけられれば有力な選択肢となるが、その可能性はそれほど高くない、というのが、中央線エリアの現状である。

対して田園都市線は、教育環境という面では今一押しだ。このエリアはいわゆるアッパーミドル層が中心なので、教育熱は非常に高い。

田園都市線がかかえる問題は、将来的なものだ。このエリアはここ20〜30年で急速に発展したニュータウン。つまり、ニュータウンにつきまとう、住民の年齢層がかなり偏っていて、一気に高齢化が進み廃墟化するという危険性がある。事実、早くから中規模一戸建て地域として発展した横浜市青葉区のあざみ野は、すでに住民の高齢化が始まっている。

つまり、田園都市線エリアは、ほんの10年もすれば子どもの少ない地域となり、近所にあった塾や個人教室は姿を消し、公立の小中学校が生徒の少ない閑散としたものになってしまう可能性もあり得るのだ。今、受験生を抱えた家庭がこのエリアに住むことは大変有効だが、幼稚園児を連れて引っ越すとなれば、多少の危険が存在する、と考えるべきだ。

とはいえ、先ほど取り上げたあざみ野は、駅前に広大な「東急が取得できていない土地」が存在するなど、まだまだ開発の余地はある。これらの土地取得交渉がうまくいけば、田園都市線エリアはさらにアッパーミドル層の街として発展するだろう。ニュータウンの未来はかなり読みづらいのである。

江東区はすでに衰退の兆候が

プラスマイナス両方の将来が見える田園都市線に比べ、より悲観的なのが江東区の臨海エリアだ。豊洲の急速な発展で、近年のマンション開発の中心となった江東区だが、その実態を見るとすでに人気に陰りがみえる。

まず、江東区の臨海エリアの開発が、すでに飽和状態に達したことが挙げられる。2013年には4000戸を数えた新築マンションが、2014年から減少傾向に転じ、開発の終了が見えてきた。新築のハイテク高層マンションであることが人気の大きな要因であるわけで、中古だらけになればいずれ人気は落ちるのは明白だ。

また、豊洲で新築マンションを買った若い高所得層が、徐々にこのエリアを離れつつあるという話も聞く。やはり、高層マンションは居住、子育て環境としては良くないと感じたとも。こう考える人々は一定数存在するだろう。

現在の主役である豊洲など臨海エリアも、今後一気に凋落してしまう可能性は、それほど低くないのかもしれない。

子どもの教育に必要な本当のこと

教育戦略を綿密に立てることの必要性

わかりきっていることだが、現代の子どもの教育は大変だ。地域による環境格差、学校選択の難しさ、なによりもやたらとお金がかかる。今後、多くの人間が収入を減らしていくことが予想されているのにもかかわらずだ。

これを打ち破るには、より戦略的に子どもの将来設計を、親が考える必要があるだろう。子どもの将来を考えると、一定以上のランクの大学に子どもを通わせられないと、現状の就職戦線では多くの可能性が閉ざされてしまう恐れがある。国家公務員の上級職なら東大か京大でなければ話にならないし（それも法学部限定）、有名企業であれば、普通は早慶上智。最低ラインがマーチ（明治、青学、立教、中央、法政）だ。これらの大学はおおよそ上位10～20％層と言われており、全体からみればマーチだって十分難関なのである（卒業生は自分の大学をバカ学校だとおもっているだろうが）。本来、これが絶対条件の如くなっていることが問題なのだが、とりあえずその話は別の場所でやるしかない。子どもは成長していく、状況の改善を待ってはいられないのだ。

では、具体的にどのような戦略を立てるべきなのか。

まずは家庭の空気を整えることが第一

実はこれがもっとも重要なことなのだが、親の背を子は見て育つ、という言葉を常に念頭においておくこと。アンケート調査などによると、成績優秀な子どもの家は、親の地位や収入の高さもあるが、何よりも知識欲が強く、仕事や趣味を楽しんでおり、明るく前向きな家庭だという。逆に、いつも愚痴を言っていたり、惰性でパチンコばかりしている親に育てられた子どもは、「どうせ大学に入ってもすぐリストラをされてしまう。勉強なんか無駄だ」と考えるようになるという。

つまり、勉強をすることは自然なことで、やることをやっていれば、楽しく明るく暮らせるという実例を、常に見せられるかどうかが重要なのだ。これは、現在収入が低くても、すぐに実行が可能なことだ。仕事に真面目に取り組み、ささやかでも趣味を楽しむ。これを進めれば、収入アップの可能性も広がるし一挙両得だ。

また、今の親世代は、自分たちの親世代と比べ、子どもの遊び・趣味に理解がある。自身がテレビゲーム世代だし、大人になってもマンガやアニメに親しみ、ファッション誌を参考にオシャレをし化粧の方法を覚えた。今の子どもと、自分たちが若い頃と遊びの種類、興味の方向性はあまり変わらない。自分の趣味を、子どもと一緒に楽しむことのできる可能性が非常に高いのである。

これを肯定的に考えると、子どもにかかるお小遣いや遊興費は、自分のそれと共用することができ、トータル予算の圧縮に繋がる。何よりも、子どもと同じものを楽しむことができれば、共通の話題が生まれ、家庭内の空気を明るくできるだろう。低学力児童の家庭では、極端に読書量が少なく、マンガですらあまり読まないという。とりあえず、一番手軽なところとして、子どもの持っているマンガを読んでみたり、自分が面白そうだと思い、なおかつ子どもも興味を持てそうなマンガを買うことから始めてみてはどうだろうか。

先を見通した住居選択の戦略を立てる

しかし、現実は厳しい。いくら子どもの気持ちを前向きにさせても、それを活かす場所を与えてあげなければならないのだ。

そうなると、本書で述べてきた教育に適した地域への引っ越しは、やはり一度真剣に考えてみるべきだろう。

ただし、その際ふたつの検討要素を追加する必要がある。ひとつ目は、自分の子どもが高校・大学受験をする際に、その地域がどうなっているかを予測することだ。

先ほど見たように、現在評価の高い東急田園都市線沿線や江東区の臨海エリアであっても、そう遠くない将来は衰退してしまう可能性だってある。つまり今、子どもの中学校進学を機に引っ越しをするのであれば、これらのエリアは最適だが、まだ子どもが小さかったり、近い将来出産予定の家庭であれば、その将来リスクを踏まえた上で、決断をする必要がある。

では、将来性があるエリアは存在するのだろうか。予測は非常に難しいが、狙い目のひとつは現在教育環境が悪いとされる東部エリアだろう。

しかし、東部エリアであればどこでも良いというわけではない。注目したいのは、大規模マンション開発の行われている板橋区北部、日暮里舎人ライナーの開通で交通事情が変化した足立区西部と荒川区、再開発が盛んな葛飾区西部などである。先ほど、このエリアに住んでも子どもを中学校から私立に通わせれば問題ない、という話をしたが、これらの地域には、公立小中学校の変化も期待できるのである。

失礼な言い方になってしまうが、現在の居住者の学歴レベルでは、教育環境を作る力は低い。だが、ひとつのマンション開発で、1000人単位の新しい住民が流入しているのがこれらの地域だ。比較的安めとはいえ、分譲マンションを購入するような人たちの学歴レベルは高めである。つまり、その地域の公立小中学校に通う子どもたちの「全体レベル」が一気に引き上げられる可能性があるのだ。

田園都市線沿線や臨海エリア、江戸川区の葛西では、実際にこの現象が起こったのはこれまで見てきたとおり。ほんの一昔前まで農村だった横浜市青葉区は今や首都圏屈指の高学歴エリアである。

しかし、可能性があるエリアだったとしても「いつ環境が整うか」の見極めは慎重に行いたい。一気に住民が増えるニュータウンは、比較的住民、子どもの年齢層が揃いやすい。家を買うという行為は、子どもの誕生や進学を機になされることが多いし、これは自然な現象である。

例えば、30代の夫婦が多くやってきた地域であれば、その子どもはまだ乳児から幼稚園段階が多いだろう。つまり、そのエリアの学力レベルが上がるのは、その子どもたちが受験シーズンを迎える10～15年後となる。

そう考えると、マンション開発が2015年まで盛んだった板橋区北部は、既に小学校のレベルが上がり始めていると考えられる。逆に、2013年から増加傾向が見られる足立区（建設戸数はまだそれほどでもないが）、2014年から価格が上昇傾向にある葛飾区の学力レベルが上がるのは、15～20年後の可能性がある、といった具合だ。このように、各地の将来像の予想も検討材料に入れることは、決して無駄にはならないだろう。

当然、目論見通りにいくかどうかはわからない。だが、どちらにしても賭けである。ニュータウンは栄枯盛衰が激しい。だが、比較的安価かつ、豊富な物件が用意されているのも、またニュータウンなのである。

都立高校を基準に住居を考える

もうひとつは、高校の目標を近年復活ぶりが著しい都立高校にすることで、出費を抑える、もしくは塾などの受験対策費を豊富に用意する戦術だ。

ただ、やはり受験を考えると、子どもの体力を無駄に使わせない意味でも、可能な限りアクセスの楽な地域が望ましい。

では、具体的にはどう考えるべきか。引っ越しを子どもの学力が予測不能な乳幼児段階として、まずはトップ校である日比谷、西を基準にする。都心部の永田町、赤坂見附、溜池山王、国会議事堂前が最寄り駅である日比谷高校の場合、乗り換えなしの地下鉄一本エリアが狙い目となる。重要なターミナル駅である永田町・赤坂見附への乗り入れ路線は多いが、東京23区の住宅街（それもできれば比較的安価な）からのルートに限定すれば板橋から有楽町線、北区からは南北線、墨田区からは半蔵門線、足立区から千代田線が挙げられる。杉並、中野から丸ノ内線というルートもあるが、そちらは西高校が自転車通学範囲内なので除外する。

都立の名門、日比谷高校を基準に置いた場合でも、先ほど紹介した東部エリアがかなりラインナップされるのである。千代田線が乗り入れている葛飾区北部の常磐線沿線も仲間に入れられるだろう。

日比谷高校に対して、西高校は少々難しい。西はＪＲ中央線と京王井の頭線の中間地点にあり、井の頭線からの方が比較的近い。通いやすい地域は、自転車圏の杉並区中央線以南と井の頭線沿線地域に限定されてしまう。このエリアは先ほど挙げた「狙い目エリア」に比べればやはり高い。だが、逆に考えれば、このエリアの公立校は小学校から比較的環境の良い学校ばかりであり、すでにそれが伝統化しているので、将来環境が悪化するリスクは低めだろう。西を目指すために井の頭線沿線へ、という選択肢は決して間違っていないし、高校まで確実に公立校であることの金銭的な優位点を、生活費に回すこともできる。

また、西を目標に置いた住居選択の場合、都立駒場（井の頭線駒場東大前）、富士（丸ノ内線中野富士見町）など、近隣に高レベルの都立高があり、西が無理でも十分にレベルの高い学校を選択できるという利点がある。

子どもの教育を諦めてはならない

子どもに高レベルの教育を受けさせるには、基本的に高学歴・高収入エリアで子育てをすることが有利である。これは、良くも悪くも事実だ。地方では、子どもが熱心に勉強をしていると「金がかかるから勉強なんかするな」という親も存在するという。東京にもいるだろう。

しかし、これまで見てきた様に少しの工夫や先見性で、ある程度それをカバーできるかもしれない。資金的に苦しいからと言って、子どもの教育を諦めてしまっては、子どもの持つ可能性を、確実に狭めてしまう。

厳しい状況は当面続くだろう。本書が、この厳しい教育格差を打ち破るため、少しでもお役に立ってくれれば、何よりの喜びである。

あとがき

執筆を終え、自らも含め、多くの人が子どもの養育費がいくらかかるのか、今までいくらかけてきたのかを正確に把握していないことは驚きだった。繰り返しになるが、東京23区で子どもをひとり大学卒業まで育て上げると、全部ひっくるめて3000万円程度のお金がかかっていたのだ。

教育費は、これまで「聖域」と呼ばれ、どんなに家計が苦しくても、優先的に使われてきた。また、食費や日用品などはその多くが他の家族と共用されるものなので、正確に把握していた人は少数派だったのだろう。

その結果が、ある種のどんぶり勘定となり、子ども、学校、塾などの言うがままに資金が投入され、この巨大な「予算」となっていたのである。

だが、実感レベルの景気回復がなされぬまま早くも20年。ついにこの聖域にもメスを入れる家庭が増えているようだ。

今後、日本の教育環境は変わっていくだろう。弱腰の採用を続ける企業が大卒資格にこだわりすぎた結果、Ｆランクなどと呼ばれる大学が林立することになった。失礼を承知で言うが、企業の採用担当の経験したことがある者として、それらの大学卒業資格は場合によっては高卒以下の評価だ。もちろん、優秀な学生もいた。だが、全体としては、覚悟を持って高卒から社会に乗りだした者より、特に精神面で不安のある学生に数多く会ったのが私の体験である。

今後、大学の淘汰、高卒の地位向上が成されることが望まれるだろう。また、6・3・3・4制の見直しも必要かもしれない。だが、将来的な改善はあるかもしれないが、すぐには無理だ。

本書は、環境的、金銭負担的にともすれば最悪の状況下にある現役の親世代に、現状を知ってもらう一冊として執筆した。少しでもお役に立てたなら喜びに堪えない。地域格差と金銭面に注力した結果、教育というものを全般的に捉えられなかったことは残念だが、これが本書のコンセプトであるため、ご容赦いただきたい。

本書の執筆にあたり、多数の友人、知人をはじめ、様々な方の協力を得た。改めて感謝します。ありがとうございました。

昼間たかし・鈴木士郎

参考文献

千代田区『千代田区史』下巻　１９６０年
中央区『中央区三十年史』下巻　１９８０年
江東区『江東区年表』　１９７９年
港区『港区史』　１９６０年
新宿区『新宿区史：区成立五〇周年記念』　１９９８年
台東区『台東区教育史資料』各巻　１９７８〜１９８１年
墨田区『墨田区教育史』　１９８６年
目黒区『目黒区五十年史』　１９８５年
大田区『大田区政五十年史』　１９９７年
世田谷区『世田谷区教育史』各巻　１９９３〜１９９６年
渋谷区『渋谷区教育史』　１９９２年
江幡潤『文京区の散歩道』三交社　１９７３年
橘木俊詔『日本の教育格差』岩波書店　２０１０年
小林雅之『進学格差―深刻化する教育費負担』筑摩書房　２００８年

増田ユリヤ『新しい「教育格差」』講談社　２００９年
中室牧子『「学力」の経済学』ディスカヴァー・トゥエンティワン　２０１５年
かずとゆか『小学生生活を犠牲にしない中学受験』ＷＡＶＥ出版　２０１６年
晶文社学校案内編集部『首都圏 中学受験案内 ２０１７年度用』晶文社　２０１６年
晶文社学校案内編集部『首都圏 高校受験案内 ２０１７年度用』晶文社　２０１６年
晶文社学校案内編集部『大学校受験案内 ２０１７年度用』晶文社　２０１６年

その他、多数のＳＮＳコミュニティ、掲示板、クチコミサイトを参照した

※公官庁発表の統計・白書・ウェブサイト、各種学校、塾・予備校の公式資料など基幹資料に該当しないものを挙げた

東京23区教育格差

２０１６年12月16日　第１版　第１刷発行
２０１７年１月25日　第１版　第２刷発行

著　者　昼間たかし
　　　　鈴木士郎
発行人　武内静夫
発行所　株式会社マイクロマガジン社
　　　　〒１０４−００４１　東京都中央区新富１−３−７　ヨドコウビル
　　　　ＴＥＬ　０３−３２０６−１６４１（販売営業部）
　　　　ＦＡＸ　０３−３５５１−１２０８
　　　　ＴＥＬ　０３−３５５１−９５６４（編　集　部）
　　　　ＦＡＸ　０３−３５５１−９５６５
　　　　http://micromagazine.net/

編　集　髙田泰治
装　丁　板東典子
協　力　株式会社エヌスリーオー
印　刷　図書印刷株式会社

2017 Printed in Japan　ISBN　978-4-89637-604-3 C0095